- **ESF는**
  기독대학인회(ESF: Evangelical Student Fellowship)는
  사도행전 1장 8절에서 선포되고 있는 예수님의 지상명령에
  근거하여 캠퍼스복음화를 통한 통일성서한국,
  세계선교를 주요 목표로 삼고 있는 초교파적 선교단체입니다.

- **ESP는**
  Evangelical Student Fellowship Press의 약어로
  기독대학인회(ESF)의 출판부입니다.

내 사랑 타이완

2014년 7월 14일 초판 1쇄 발행
지은이 | 조을순
엮은이 | 이기섭
펴낸이 | 김성희
편집장 | 유정훈
표지 디자인 | 장윤주
편집 | 조지선
펴낸 곳 | (사) 기독대학인회 출판부 (ESP)
등록 | 제 12-316 호
주소 | 142-815 서울시 강북구 솔샘로 67길 104 2층
전화 | Tel 02) 989-3476~7 | Fax 02) 989-3385
이메일 | esfpress@hanmail.net
공급처 | 기독교출판유통 031) 906-9191

ISBN 978-89-89108-74-0
값 11,000원

ⓒ 조을순. 2014
* 잘못된 책은 교환해 드립니다.
* 저작권자의 허락없이 이 책의 일부 또는 전체를 무단복제, 전재,
  발췌할 수 없습니다.

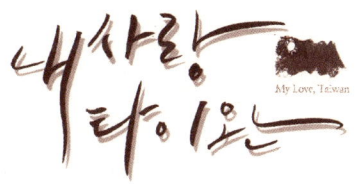

조을순 선교사의 대만 선교 이야기

추천의 글

조을순 선교사는 하나님의 부르심에 그저 순종하고자 했고, 자신의 의지와 상관없이 이루어지는 하나님의 섭리와 인도하심에 감격해 하며 감사하는 삶을 살았다. 선교지는 아무리 편해도 문화가 다르고 언어가 달라 힘든 곳인데 조 선교사는 맨땅에 헤딩을 한다는 말이 가장 어울리는 방식으로 선교지의 시작을 경험했다. 하지만 놀라운 일들이 일어나고 주위의 사람들로부터 하나님의 살아계심과 사랑을 경험하는 일들이 늘어나기 시작했다.

그냥 그렇게 이야기가 계속 진행되었다면 얼마나 좋았을까. 그 선교 이야기는 그녀의 죽음 앞에서 너무나 안타깝게 끝을 맺는다. 하지만 병상에서 그녀가 쓴 글 속 '조을순 보다 더 좋을 순 없다'는 말이 마음을 두드렸다. 우리는 살아도 주님의 것이요, 죽어도 주님의 것이다. 조을순 선교사는 책 속에서 그것을 그대로 보여주고 있다.

이 책은 선교사가 쓴 책이라기보다 주님을 사랑해서 죽도록 주님을 따라간 제자의 사랑 고백이다. 예수를 믿는 사람들이 모두 이렇게 산다면 세상은 바뀔 것이다. 흐르는 눈물을 닦으며 이 추천서를 쓰고 있다. 우리 모두가 이렇게 순종의 삶을 살기를 기대한다.

_손창남 (OMF 선교사)

조을순 선교사는 정말로 대만을 사랑한 선교사다. 주님의 '대만을 사랑하라'는 음성에 일생동안 순종하였다. 항상 기도하는 선교사였고 남편의 선교사로의 부르심에 전적으로 순종하는 아내 였으며, 아픈 중에도 지극히 아이들을 사랑하는 엄마였다. 대만의 한 사람도 잃고 싶지 않아 끝까지 최선을 다했으며, 불평할 수 있는 많은 순간에도 주님의 음성에 귀를 기울여 주님께 위로를 받고 힘을 얻는 '하나님 앞에 사는 선교사'였다.

아프고 병이 위중한 가운데서도 복음 전하기를 생명처럼 여겼던 그녀는 어디서나 선교사였으며, 하나님이 이 시대를 위하여 택하시고 부르신 사람이었다. 그녀의 삶을 통하여 지금도 잃어버린 양을 간절히 찾으러 오시는 주님을 만날 수 있다. 그녀의 인생을 통해 이 예수님을 만날 수 있게 됨이 기쁨이요 가장 큰 축복이다.

_임영국 (좋은씨앗 대표)

'인생의 가치가 그 길이에 있지 않고 그 시간에 무엇을 했는가에 달려 있다'는 말에 대해 우리가 마음으로 공감하는 것만으로는 큰 의미가 없다. 가치 있는 일에 실제로 그렇게 사는 사람이 많지 않기 때문이다. 더 큰 가치를 위해 자신을 드리는 헌신은 그들의 삶을 지배하는 신비스러운 기쁨이 없다면 불가능 한 일이다.

여기, 하나님을 기쁨의 원천으로 삼고 하나님의 인도하심만을 믿고 험난한 길을 마다하지 않고 대만으로 떠나, 대만 사람들을 자기 목숨 보다 더 사랑한 한 사람을 소개한다.

조을순 선교사는 죽음을 맞이하기까지 12년 동안 대만 선교사역을 하면서 선교에 관심을 갖고 대만의 복음화를 위해 헌신하게 되는 순간부터 시작해서 예상하지 못한 방법으로 자신의 목숨을 마감하는 순간까지, 그녀의 마음을 지배하고 있었던 것은 대만을 향한 하나님의 관심이었다. 그녀는 하나님을 기쁘시게 하고 싶은 열망으로 가득차, 하나님만을 의지하며 선교에 헌신했다.

 이 책은 조 선교사의 삶에 대한 기록이기도 하지만 생활 속의 크고 작은 일들 속에서 놀랍게 역사하시는 하나님에 대한 기록이다. 독자들은 이 책을 통해 우리 하나님이 어떤 분이신지를 발견하게 될 것이며, 그것을 먼저 발견하고 믿음의 걸음을 걸어간 한 선교사의 아름다운 삶을 경험하게 될 것이다.

_한철호 (선교한국파트너스 상임위원장)

 대만을 예수님의 마음으로 사랑했던 조을순 선교사가 젊은 나이에 하나님의 부르심을 받았다. 사랑하는 남편, 자녀들, 동역자들, 무엇보다도 그렇게 생명을 바쳐 사랑했던 대만의 교우들과 헤어졌다.

 조 선교사는 떠났으나 그녀의 삶과 인격, 구령의 열정은 눈물겹기만 하다. 나는 스승이자 담임목사로 조 선교사의 대학시절, 그 이후의 삶을 옆에서 지켜보았다. 그래서 조 선교사를 잘 안다고 생각하였으나 이 책을 읽으면서 내가 알지 못했던 그녀의 마음의 중심을 보고 감동을 받았다. 조 선교사야 말로 초대교회의 열정과 능력, 영성을 소유한 선교사임을 알게 되었다. 내 자신을 돌아보고 회개하는 시간을 갖게 되었으며 많은 은혜를 받았다.

 조 선교사는 영혼구원에 대한 누구보다도 뜨거운 열정을 가지고 있었다. 선교지의 열악한 형편에도 불구하고 오직 한길, 영혼구원에 전념하는 선교사요, 선교사의 본질에 가장 충실했다. 물질적으로 극한 어려움 가운데서 조금도 굴하지 아니하고 하나님이 공급해 주시는 것에 자족하며 믿음으로 견디며 사랑을 실천했다. 오늘날 물질만능주의 사상이 팽배하여 돈이 없으면 아무것도 못하는 그리스도인들에게 큰 도전을 준다. 대만을 사랑하기에 대만 사람처럼 살았던 조 선교사의 모습은 우리를 구원하기 위해 낮아지신 예수님의 모습을 생각나게 한다.

 이 책은 선교사역을 준비하는 사람에게는 선교사의 자세와 용기를, 현직 선교사들에게는 자신의 선교사역을 돌아보고 본질을 회복하게 하는 계기를, 선교사를 지원하는 교회나 파송단체에게는 선교사 파송과 지원에 최우선적인 헌신을 하도록 결단하게 할 것으로 확신한다. 이런 점에서 본서는 한국교회의 성도들과 해외 선교에 특별한 관심을 갖는 선교지원자나 교회가 반드시 읽어야 할 필독서임을 확신한다.

_임종학 (ESF 이사장)

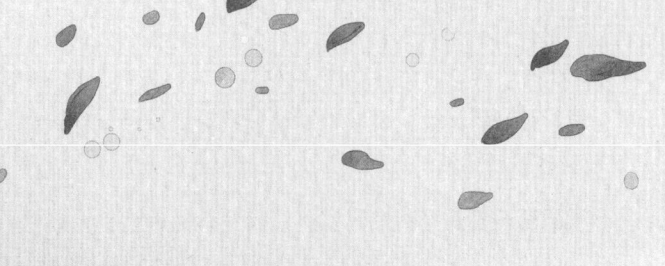

추천의 글　　6

1부 출발　　12

주님만 믿고 떠납니다 | 모든 것에 더하시는 주님의 은혜 | 대만의 우상숭배 | 공포의 지진 | 주님, 자동차를 주세요 | 귀신의 달을 믿는 사람들 | 왜 중국어를 안 배우나요? | 적응을 위한 질병 | 사모님 솜씨가 우리보다 좋아요 | 대만을 사랑하라!

2부 사역을 시작하다　　55

진짜 선교사 | 이렇게 세상을 사는 사람도 있네요 | 밤마다 귀신을 본대요 | 김치 사역의 성공과 실패 | 한자를 통한 하나님의 역사 | 현지 동역자들을 얻다 | 대만어 찬양선교 | 내 말을 그 입에 두리니 | 와니타 선교사 | 색종이접기로 복음을 전하다 | 우리 신은 우리 집에 있어요 | 인형극단을 세우다 | 교회가 참 좋네요 | 디모데 모임 | 하나님의 영광을 볼 수 있는 자 | 신학생을 도우면서 배운 교훈들 | 중국인 이해하기 | 나의 스승이 되어주신 성령님

3부 역경, 기적의 통로　　133

IMF와 선교사들의 귀국 | 여호와 라파 | 무시 받을 기회를 주셔서 감사합니다 | 하나님께 쓰임을 받는다는 것 | 잊어버릴 수 있는 것도 축복이다 | 성도들을 온전하게 하다 | 불평의 원인 | 하물며 너희일까 보냐! | 나 한국학교 다닐래요 | 운동회 날짜가 옮겨졌어요

4부 선교사는 무엇으로 사는가   172

먼저 나를 위하여 작은 떡 하나를 만들어 내게로 가져오라 | 선교사의 아이들 | 주고 또 주었더니 | 적군이 달음질하고 도망하는 것을 보고 싶다면 | 고난을 체험할 수 있는 영광 | 내 은혜가 네게 족하도다 | 뜻밖의 선물 | 우리와 동행하시는 주님 | 내가 이스라엘 가운데 칠 천인을 남기리니

5부 열매들   204

주의 종 왕교수님 | 피터 수수, 바울같은 회심 | 폭력남편 폭력아내, 싸오부부 | 아름다운 향기, 황리향 선생님 | 우물가의 여인, 쟈론 자매 | 자살 밖에는 길이 없어요, 동무하오 모자 | 하나님이 준비하신 천사, 이쟈 자매와 수쩐 자매 | 세례는 다음에요, 수웨이위에 | 나의 가족, 차이 형제와 루이 자매 | 나의 사랑, 나의 면류관, 나의 친구들

에필로그   240
엮은이의 글   250

1장

출발

떠나가라 내가 너를 멀리
이방인에게로 보내리라 하셨느니라 _ 사도행전 22:21

주님만 믿고 떠납니다

　남편 박성환 전도사가 신학대학원 졸업을 두 달 앞둔 겨울, 둘째가 태어났다.
　1994년 12월이었다.
　대만 단기선교 여행을 다녀온 남편은 흥분된 얼굴로 한 달 된 아들을 안고 말했다.
　"여보! 나 하나님으로부터 소명을 받았어요. 다음 달에 대만 선교사로 갈 겁니다. 오늘 중국어학원에 등록하고 왔어요. 우리 아들 이름은 '다민'입니다. 대만의 많은 사람들을 하나님께 인도할 겁니다."
　대학에서 전기공학을 전공한 남편은 대학교 2학년 때 선교사로 서원을 했다. 그러나 소명에 대한 두려움 때문에 갈등을 해오던 중, 결국 주님의 뜻을 따르기로 하고 대학 졸업 후 신학대학원으로 진학했다.
　그해 우리는 결혼을 했다.
　한 달 동안 중국어수업을 마치자 남편은 대만으로 떠나자고 했다. 나는 학교에 당장 사표를 낼 수가 없었다. 5명 모집에 4천명이나 응시한 교사임용시험에서 최우수 성적으로 합격해서 얻은 교직이었다. 더구나 우리는 변변한 선교 후원자도 없지 않은가?

나 역시 선교사의 소명이 있어 남편과 함께 오랫동안 기도해 왔지만 솔직히 나는 남편이 한국에서 목회하기를 바라고 있었다. 하지만 남편은 선교는 믿음으로 가는 거라며 홀로 대만 행 비행기를 타고 떠났다.

나도 남편을 따라가기 위해 연구수업을 끝내고 학교에 사직서를 냈다. 교감선생님은 일단 휴직을 한 뒤 현지에 적응이 되면 그 때 사표를 내라고 권면하셨다. 대만은 일본처럼 우상숭배가 강하고 사회 곳곳에 그 영향력이 큰 나라라, 많은 선교사가 실패한 곳이라는 게 이유였다. 교감선생님은 나의 사직서를 가지고 새벽기도를 다니실 정도로 나를 아껴주셨다.

혼자서 대만으로 갔던 남편은 3개월 후 우리를 데리러 한국으로 잠시 돌아왔다. 식구들이 너무 보고 싶고, 또 선교사는 가족이 함께 현지 언어를 배워 선교사역에 동참해야 하기 때문이라고 했다.

이번엔 더 버틸 수가 없었다. 나는 육아휴직을 했다.

대만으로 떠날 준비를 하고 있는데 중국에서 대만을 향해 미사일을 쏘았다.

1996년은 대만 총통 선거를 앞두고 중국과 대만이 극도로 대립하던 때였다. 선거에 나선 리덩후이(李登輝) 총통이 대만의 독립을 주장했기 때문이다. 중국은 대만해협에 미사일을 발사했다. 살상력은 없는 공포탄이었지만 곧 전쟁이 일어날 분위기였다. 대만으로 향하는 모든 항공기가 끊겼다. 남편은 매일 대만외교부에 가서 출국 여부를 알아보았다.

설상가상으로 친정어머님이 입원을 하셨다. 병세가 위중해 병원에서는 마음의 준비를 하라고 했다. 이 와중에 대만으로 떠나는 것이 불효를

저지르는 것 같았다. 주님의 뜻을 따라 선교지로 떠나려는데 왜 이렇게 상황은 자꾸 어려워지는 것일까. 마치 사단이 '이래도 너희가 선교사로 떠날래?' 하듯 발목을 붙들어 매는 것 같았다.

방해 세력이 강해질수록 마음을 단단히 먹어야 했다. 대만에 정착금으로 가지고 가려고 했던 전세금을 반으로 나눠 양가 부모님께 드렸다. 언제 우리에게 목돈이 생길지 모르니 돈이 있을 때 드리고 싶었다. 우리 수중엔 2백만 원 정도가 남았다.

"우리는 하나님이 계시니까 걱정하지 마세요."

남편은 나를 토닥여주었다.

드디어 대만 행 비행기가 출발한다는 소식이 들렸다. 대만 외교부에서는 우리에게 즉시 선교사 비자를 내주었다. 자국민들도 외국으로 탈출하는 마당에 외국인이 입국을 요청하니 거절할 이유가 없었던 것이다.

치료하시는 하나님께서 친정어머님도 회복시켜주셨다. 친정아버지는 예수님을 믿지 않으셨지만 진심으로 사위를 격려해주셨다.

"이왕 목회의 길로 들어섰으니 세상의 부와 영광을 초월한 진짜 목사가 되시게."

급하게 꾸린 짐은 13박스였다. 부지런하고 손이 빠른 남편은 박스들을 공항으로 가는 고속버스에 실었다. 나는 막 돌이 지난 아들을 업고, 한 손에 기저귀와 분유가방을, 다른 손엔 세 살 된 딸의 손을 잡고 남편 뒤를 따랐다.

선교사 파송식도 없고, 환송하는 성도도 없는 초라한 출발이었다. 그래도 우리는 행복했다. 버스 안에서 남편은 흥분된 어조로 내게 중국어 한 마디를 가르쳐주었다.

"니하오"

내가 배운 첫 번째 중국어는 "안녕하세요."였다.

환영인사

신혼여행도 못 가본 내가 처음 타보는 비행기였다. 그 설렘도 잠시였다. 나는 극심한 귀의 통증으로 죽을 것 같은 고통을 겪었다. 타이베이 공항에 도착한 우리를 기다리고 있었던 것은 더 기막힌 환영인사였다. 13박스의 짐들 가운데 하나가 사라진 것이다. 하필이면 제일 비싼 겨울 옷들과 미용재료 일체가 든 박스였다. 선교에 도움이 되기 위해 어린 딸을 업고 밤늦게까지 미용실을 다니면서 기술을 배웠고 특별히 최고로 비싼 재료들을 구입해온 터라 실망이 컸다.

타이베이!
한번도 겪어보지 못한 습하고 더운 공기에 숨이 콱 막혀왔다. 남편은 혼자 열두 개의 박스를 날랐다. 다행히 기차역과 공항이 연결이 잘 되어 있어 타이난행 기차를 무사히 탈 수 있었다. 한국의 명절 때처럼 북적대는 기차 안에서 우리 네 식구는 박스들을 지키랴, 애들을 돌보랴 정신이 없었다. 수북하게 쌓아올린 박스에 둘러싸여 낯선 언어로 대화하는 우리를 대만 사람들은 더 낯설게 쳐다봤다.
네 시간의 긴 기차여행을 마치고 깜깜한 밤이 되어 타이난에 도착했다. 타이난은 타이완의 남서부에 위치한 가장 오래된 도시이며 대만의 옛 수도다. 1624년 네덜란드인들이 통치할 때부터 타이베이로 수도가 옮겨지기 전까지 대만의 최고 행정기관이 있었던 곳이라 역사적 유적이 많은 곳이다. 특별히 타이완에서 기독교 선교사가 제일 먼저 들어온 곳이자 아이러니하게 우상이 제일 많은 곳이기도 했다. 남편은 이곳 언어중심(대학부설 어학원)에서 언어를 배우면서 성공대 기독동아리의 학생들에게 성경을 가르치기 위해 타이난을 선교지로 선택했다.
  처음 와 본 도시였지만, 사역할 곳이라 그런지 반갑기만 했다.
  두 대의 택시에 짐을 싣고 도착한 집은 너무도 초라했다. 창문의 쇠창살은 녹이 슬어 다 삭았고 방문들은 금방이라도 떨어져 나갈 것 같이 덜렁댔다. 아들은 타일바닥에 벌러덩 넘어져 이마에 혹이 났다. 또 하나의 환영 인사였다.

  사진작가들이 즐겨 찍는 새는 나뭇가지에서 날개를 펴고 막 날아가는 새라고 한다. 그 때가 가장 아름답기 때문이다. 풍족한 선교비를 모금하기까지 기다렸다면 우리는 아직도 선교사로 떠나지 못했을 것이다.
  선교사에게 선교지로 떠날 가장 완벽한 시간은 주님이 주신 때이다. 아무리 준비를 잘해도 부족한 것이 많은 것이 선교사다. 아늑한 집, 좋은 가구와 가전제품이 없어도 우리는 행복했다. 타이완 선교사로 우리를 택해 주신 주님께 감사와 찬양을 올려드렸다.

모든 것에 더하시는 주님의 은혜

남편은 가지고 온 돈의 절반을 털어 중고 냉장고와 오토바이를 구입했다. 심한 습도와 더위에 당장 음식물을 보관할 곳이 필요했다. 냉장고는 문이 떨어질 것 같아 벽돌로 받쳐 놓았다. 고물 오토바이는 하루가 멀다 하고 도로에 멈추어 섰다.

그보다도 더 견딜 수 없는 것은 더위였다. 에어컨은커녕 선풍기도 없어 식구들 온몸에는 땀띠가 났다. 숨이 멎을 것만 같아 선교를 시작하기도 전에 더위로 죽을 것 같았다.

"주님, 제발 선풍기라도 한 대만 주세요."

남편은 기도하며 거리를 돌아다녔다.

멋진 주님이셨다. 선풍기도, 에어컨도, 나무책상들과 거울, 찢어졌지만 충분히 앉을 수 있는 소파까지 주워올 수 있게 해주셨다. 공학을 전공한 남편은 자신의 전공을 맘껏 발휘해 솜씨 좋게 고쳐놓았다.

옆집 아주머니가 매일같이 우리 집에 놀러 오셨다. 아마도 처음으로 만난 외국인이 신기한 듯 했다. 그 분은 자주 이불을 새것으로 바꾸시는 분이어서 자기가 쓰던 이불들을 선뜻 우리 집에 버려 주었다. 눅눅하고 차가운 타일 위에서 자던 우리는 비로소 냉기를 면하게 되었다.

주님은 계속 천사들을 보내 주셨다. 두 달 치 방세를 지불하고 나니 가지고 온 돈이 다 떨어졌다. 쌀독까지 비었다. 빵 만드는 법을 배우던 앞집 아주머니가 우리 집에 놀러 오면서 매일 빵을 가져오셨다. 우리가 나가던 대만교회의 찐빵가게를 하는 권사님은 처음 만든 빵은 무조건 목사님께 드려야한다면서 자주 찐빵을 가져오셨다.

나는 밀가루 음식을 싫어했다. 식성 좋은 나였지만 밀가루 음식은 소화가 안 되고 토할 것 같았다. 그러나 굶주림에 감사한 마음으로 그 빵을 먹었다. 세상에! 어느 곳에서도 맛볼 수 없는 최고의 맛이었다. 소화도 잘 되었다. 그 찐빵을 먹은 후부터는 기적처럼 대만의 다른 음식들도 다 맛있어졌다. 점차 한국에서 가져온 된장조차 필요 없게 되었다.

앞집 아주머니는 나를 시장에도 데리고 가주셨다. 시장이 파할 무렵 나는 혼자 시장으로 가 버려진 채소 겉잎들을 주워왔다. 아무 것도 모르는 식구들은 매일 밥상에 오르는 시퍼런 김치와 채소 반찬들을 아무 불평 없이 먹어 주었다.

옳은 일을 위해 야채를 주워 먹는 일 같은 것은 전혀 수치스럽지 않았다. 나는 선교사에게 고생이란 당연한 것이라고 생각했다. 어려서부터 가난하게 살아왔기에 이 정도는 이미 몸에 익어 있었다. 주님은 오늘을 위해 그동안 가난한 삶으로 나를 단련시켜 주셨던 것이다. 때마침 한국의 친구들로부터 한 달 치 후원금이 들어왔고, 친정어머니는 고구마, 콩, 고춧가루, 깨를 보내주셨다. 먹을 것이 넘쳤다.
"너희는 먼저 그의 나라와 의를 구하라. 그리하면 이 모든 것을 너희에게 더해 주시리라"는 말씀이 이루어지는 순간이었다.

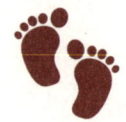

대만의 우상숭배

우리가 대만에 도착했던 때는 중국이 미사일을 쏜 사건으로 인해 극도로 긴장 상태였다. 대만 사람들은 전쟁에 대비한 비상식량을 준비하기 바빴다. 남편은 교회에 가시고 나와 아이들만 집에 있던 어느 날이었다.
"펑 펑 퍼벙…"
밖에서 갑자기 요란한 폭발음이 들렸다.
'드디어 전쟁이 터졌구나.'
나는 아이들을 방으로 몰아넣고 다 같이 이불을 뒤집어썼다. 그리고 기도를 시작했다.
"주님, 죽기를 각오하고 대만에 왔습니다. 죽는 것은 두렵지 않으나 전도도 못해 보고 부상을 입지는 말게 해주세요."
상황이 이렇게 급박하게 돌아가는데 교회에 간 남편은 아무리 기다려도 전화 한 통이 없었다. 불안한 마음으로 나는 교회에 전화를 했다. 서툰 영어로 "나우 워(war), 워…"를 외쳤다. 깜짝 놀란 교인이 남편을 바꿔 주었다.

"여보, 전쟁이 터졌는데 아직까지 교회에 계시면 우리는 어떻게 해요? 지금 밖에 대포소리가 나고 아주 난리 났어요."

남편은 크게 웃어댔다.

"여보, 그건 폭죽소리야. 타이난의 유명한 축제예요."

"예? 폭죽이요? 그럼 애들하고 나가서 구경해야겠네요."

"절대 안 돼요. 한국에서 보는 그런 폭죽이 아니고 잘못하면 화상을 입을 정도로 위험한 폭죽이니까 집에 가만히 있어요."

나는 폭죽소리가 멈추길 기다렸다가 조심스레 밖으로 나갔다. 정말 전쟁이 휩쓸고 간 거리 같았다. 도로에는 종이돈을 태운 재와 연기, 화약 냄새로 가득했다. 노란 옷을 입고 어깨에 빨간 천으로 두른 사람, 나팔을 부는 사람, 이상한 탈을 쓰고 입으로는 빨간 침을 뱉는 사람, 기인처럼 높은 신발을 신고 이상한 복장에 깃발을 들고 있는 사람들의 행렬이 지나갔다. 꽹과리와 나팔소리에 귀가 따가웠다. 그 사람들은 도로를 다 점령하고 폭죽으로 난장판을 만들고 있었지만, 시민이나 경찰들은 가만히 보고만 있었다.

그날은 성경공부가 있는 날이었다. 우리 부부는 매주 목요일마다 왕칭위 교수의 집에 가서 학생들과 함께 성경공부를 하고 있었다. 40분이면 도착할 수 있는 곳이라 김치와 반찬들을 싸가지고 조금 일찍 집을 나섰는데 경찰들이 사전예고도 없이 길을 막고 있었다. 우리는 골목골목을 헤매고 다녔다. 마침내 큰 도로 근처에 도착했는데 영화에서도 보지 못했던 끔찍한 장면들과 맞부딪쳤다.

대낮보다 더 밝은 휘황찬란한 불빛 아래 수 백 마리의 돼지들이 마치 바비큐처럼 통째로 나무에 달려있었다. 가마를 탄 대만의 온갖 신상들이 거리를 꽉 메우고, 어마어마한 음식들과 폭죽으로 태운 종이 돈들이 아스팔트 위에 화산재처럼 덮여 있었다. 마치 구약성경에 나오는 끔찍한 우상숭배 장면을 보는 것 같았다.

이날 빠이빠이(拜拜) 행사로 인해 타이난의 도로는 모두 봉쇄되었다. 우리는 두 시간이나 걸려 왕칭위 형제의 집에 도착할 수 있었다. 그날 모인 형제들의 설명에 의하면 타이난에는 많은 사당들이 있는데 그 중 한 신(神)의 등급이 올라가서 모든 신들이 축하하러 나왔다고 한다. 사당마다 많은 음식을 차리고 사람들이 몰려와야 체면이 서기 때문에 이날은 아무나 차려진 상에서 실컷 먹고 놀 수 있는 날이라고 한다.

나는 대만 백성들이 몹시 안타까웠다. 하늘에서 이 모습을 지켜보시는 주님의 마음이 얼마나 상하셨으면 나 같은 사람을 선교사로 이곳에 보내셨을까? 깊은 슬픔이 밀려왔다.

대만의 밤이면 집집마다 빨간 불이 켜있는 방들이 있다. 그것은 집집이 모시고 있는 조상신당이다. 대만 사람들은 대부분 조상신과 자기들이 섬기는 우상을 같이 두고 아침이나 저녁 음식을 차려놓고 제사를 지내거나 향을 피운다. 죽은 것은 모두 신이 될 수 있다고 믿기 때문에 요식업을 하는 곳에서는 식성이 좋은 저팔계 신상을 모시기도 한다. 뱀이나 원숭이, 사오정을 모시는 사당도 있고, 남편을 기다리다 죽은 아내를 성녀로 모시는 사당도 있다. 중국의 공산당이 종교를 없애버리자 본토에 있던 갖가지 토속신앙들이 대만으로 옮겨왔다고 말하는 사람도 있다. 우리나라의 충청도와 전라도를 합친 것 만한 작은 나라인 대만에는 국민의 수만큼이나 많은 우상들이 이들의 영혼을 사로잡고 있다. 그래서 그런지 대만 거리에는 이상하리만큼 정신에 병이 든 사람들이 많다.

대만인들이 우상숭배에 바치는 돈은 상상을 초월한다. 신을 노엽게 하면 벌을 받는다고 매월 음력 15일이면 대문 앞에 상을 차려 또 제사를 지낸다. 귀신들에게 주는 '노잣돈'이라는 노란색의 가짜 돈을 태우는데 드는 연간비용이 대만의 고속도로를 매년 4회 이상 포장할 수 있는 비용이라고 한다. 음식을 차리고, 향을 피우고, 귀신을 위한 종이돈을 태우고 심지어 그 태운 재를 신성하게 여겨 약으로 먹기도 한다. 오죽하면 교회를 다니면 돈이 적게 든다고 섬기는 신을 예수로 바꾸겠다는 사람도 있었다.

이들의 종교는 감사와 섬김이 아닌 두려움과 배척에 가까웠다. 매일 제사를 올리는 자들에게조차 사랑을 받지 못하는 허상들이었다. 우리가 믿고 전하는 따스하고 자기 백성을 위해 죽으신 그런 사랑의 하나님과는 거리가 멀었다.

남편은 신접하기 위해 미친 듯이 폭죽을 터뜨리는 대만인들을 보고 분노를 터뜨린 적이 있었다.

"이 땅은 저 가증한 우상들과 함께 멸망해야 해."

그러나 주님은 남편에게 환상을 보여주셨다. 폭죽을 향해 사진을 찍으라는 누군가의 음성을 듣고 남편은 무심코 사진을 찍었다. 후에 사진을 현상해보니 어둠 속에 한 사람이 어린아이를 외투로 싸서 가슴에 품고 있는 형상이 그 사진 안에 뚜렷하게 보였다.

남편은 회개했다. 자신이 멸망당해 마땅하다고 했던 대만인들을 주님은 내 자녀라고 가슴에 품고 계신 것이었다. 깜깜한 어둠 속에서 하나님도, 예수님의 사랑도, 천국과 지옥도 모른 채 사는 대만인들이지만 그들 안에 내 백성이 많다는 주님의 메시지에 남편은 대만 선교사로 온 것을 한번도 후회하지 않았다.

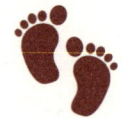

공포의 지진

자전거를 타고 열심히 언어를 배우러 다닐 때였다. 갑자기 극심한 어지러움이 덮쳐왔다. 깜짝 놀란 나는 고질병인 어지럼증이 다시 도졌나싶어 "주여, 주여"를 외치며 학교를 갔다. 잠시 괜찮더니 저녁 땐 더 심한 어지럼증으로 몸이 마구 흔들렸다.
"여보 나 가만히 있는데 몸이 막 흔들려요. 토할 것 같아요."
남편이 나를 붙들었다.
"지금 지진이 나는 거예요. 가만히 있어요."
지진. 뉴스의 해외토픽에서나 듣던 말이었다. 웬만한 지진은 뉴스에도 나오지 않는 엄청난 지진대에 우리가 살고 있었다.

아이들 유치원 원장 댁에 기도해 주러 가던 날이었다. 원장 아들이 마약에 중독되어 있어서 우리는 자주 그 집에 중보기도를 하러 다녔다. 네 식구가 한 대의 오토바이를 타고 원장님 아파트에 도착하는 순간, 눈 앞에 있는 그 큰 아파트 건물이 좌우로 흔들리는 게 아닌가. 엄청난 지진이 일어난 것이다. 만약 건물이 무너지면 우리 네 식구는 그대로 건물 속에 묻힐 것 같았다. 두려움에 사로잡힌 나는 주님을 부르며 주저앉았다. 그리고 죽어가는 소리로 남편에게 말했다.

"여보, 우리 그냥 한국으로 돌아갑시다."

남편은 이번에도 허허 웃기만 했다.

"잠시만 참아요. 곧 멈출겁니다."

참 다행인 것은 대만의 건물들은 지진에 잘 견디도록 튼튼하게 지어졌다는 것이다. 어지간한 오래된 건물들도 끄떡하지 않았다.

지진이 나면 기분 나쁜 일이 한 가지 더 있다. 어느 날 잠을 자다가 지진에 흔들려 숨을 죽이고 있는데 무엇인가 내 얼굴을 스치고 지나갔다. 손으로 탁 쳤더니 물컹한 것이 손에 잡혔다. 보기에도 징그러운 상당히 큰 도마뱀이었다. 건물이 흔들리다 보니 천정에서 떨어진 모양이었다. 놀라서 소리를 지르는 나를 보며 남편이 말했다.

"여보, 그 도마뱀은 놓아주세요. 집에 있는 바퀴벌레를 잡아먹으니까."

대만의 바퀴벌레는 우리나라의 매미보다 훨씬 더 컸다. 그런 바퀴벌레가 개미떼처럼 사방에 바글바글했다. 나는 이렇게 크고 많은 바퀴벌레를 대만에 와서 처음 봤다. 결코 익숙해질 것 같지 않은 지진과 도마뱀과 바퀴벌레들. 그러나 어느 새 남편은 태연하게 다시 잠이 들었다.

그런 나라에 주님이 심판이라도 하듯 7도 이상의 강진이 북부에서 발생했다. 남부에 있는 우리 집도 바닥 타일이 완전히 깨지고 들릴 정도였다. 몇 개의 마을이 순식간에 땅에 묻히고 산이 갈라졌다. 수많은 사람들과 가옥들이 흙더미에 깔렸다. 많은 사찰들이 땅에 묻히고 대만에서 가장 크다고 알려진 부처의 상이 쪼개졌다.

　이런 참담함 속에서 유일하게 교회는 무너지지 않아 많은 사람들이 주님을 영접하는 대반전의 역사가 일어났다. 당시 그 교회의 전도사는 교회에서 기도 중이었는데 교회의 가재도구들이 좌우로 충돌하면서도 하나도 손상이 되지 않았다고 한다. 주변의 건물들이 다 무너지고 사람들이 죽고 다쳤는데 자기와 자신의 교회가 건재할 수 있는 것은 하나님의 은혜라고 간증을 했다. 말세에 있을 지진과 재난 속에서도 당신의 백성들을 지켜주실 전능하신 하나님을 의지할 수 있는 증거가 되었다. 그 후로 나는 지진에 대해 초월하기로 했다.

주님, 자동차를 주세요

처음 대만에 도착했을 때는 대만의 도로교통법이 그리 엄하시 않았다. 우리 네 식구는 헬멧을 쓰지 않고 한 대의 오토바이를 타고 외출을 하곤 했다. 그런데 오토바이를 탈 때 반드시 헬멧을 써야 한다는 법규가 제정되고 단속이 강화되었다. 소형 오토바이에 네 사람이 앉기도 부족한데 헬멧까지 쓰고 타려니 서로 머리를 엇갈려 앉아도 다 탈 수가 없었다. 우리는 자동차가 절실하게 필요했다.

"주님, 자동차를 주세요."

오토바이를 탄 네 명의 하나님의 자녀들이 큰 소리로 외쳤다.

타이중으로 이사를 가셨지만 우리에게 도움을 주시던 한국인 선교사 한 분이 계셨다. 어느 날 사모님으로부터 전화가 왔다. 새 자동차가 생겼으니 쓰던 차를 우리에게 주신다는 것이다. 남편은 한달음에 타이중까지 갔다.

남편이 끌고 온 자동차를 보고 우리는 웃고 말았다. 우리나라 소형 차인 티코보다 작은 16년 된 고물차. 도색은 벗겨지고 녹슨 문짝은 떨어질 것 같았다. 그래도 우리 식구들을 안전하게 태워줄 자동차가 아닌가! 우리는 하나님께 감사했다.

이 자동차 때문에 우리는 웃지 못 할 일들을 많이 겪었다. 푹푹 찌는 대만의 더위에 에어컨도 없는 차가 시도 때도 없이 도로에 멈추어 섰다. 남편은 핸들을 잡고 난 내려서 뒤에서 밀었다. 평소에도 박물관에서나 볼 수 있는 자동차라 창문 열고 구경하는 사람이 많은데 앞에서 끌고 뒤에서 밀고 가니 그 광경이 얼마나 우스웠겠는가.

"힘내라, 힘내라!"

외쳐주는 사람들도 있었다.

고속도로에서 멈춰 설 때도 많았는데 꼭 수리점 가까운 갓길에서 고장이 났다. 그것도 주님의 도우심으로 알고 감사했다.

은밀한 제안

사역이 늘어나면서 내가 운전해야 할 일들이 많아졌다. 운전면허를 따야했다. 운전연습이야 열심히 하면 되지만 문제는 나의 어설픈 중국어 실력이었다. 삼 개월 남짓 배운 중국어로는 도저히 운전강사의 말을 알아들을 수가 없었다. 강사는 짜증을 냈다.

시험보기 전날, 운전학원에서 외국인이니 대리시험을 쳐줄 수 있다며 슬쩍 '봉투'를 요구했다. 선교사가 선교지에서 불법을 행할 수는 없었다. 나는 운전학원의 은밀한 제안을 거절했다. 주님의 "빽"을 믿어보기로 했다. 나는 밤새 운전면허 시험지의 글자를 그림처럼 형태를 몽땅 외워버렸다.

결과는 합격이었다.

실기시험 때 나는 실수를 많이 했다. 하지만 시험관이 이상하게도 나에게는 관대했다. 주님의 도우심이었다.

한국에서 김영삼 대통령이 대만을 방문했다. 방문기간 중 주일이 끼어있어 대만에 있는 한국인 선교사 중 한분이 설교를 맡아 주었으면 했다. 그 설교자로 남편을 지목해왔다.

정치권에 계신 분이라 조심스러웠다. 하지만 남편은 목사가 예배를 거부하는 경우는 없다며 흔쾌히 응했다. 남편은 대통령과 외교관들에게 요한복음의 '목자가 되어주신 예수님'을 전했다. 믿지 않는 외교관들과 함께 예배를 드리며 나는 크리스천들이 성공을 해야겠구나 생각했다.

예배가 끝난 후 고속도로에 진입할 즈음 우리 고물차는 달리기를 거부했다. 결국 견인차가 출동했다. 가오슝에서 타이난까지 한 시간이 넘는 거리를 우리는 견인치에 대롱대롱 매달려 가는 고물차에 실려 왔다. 타이난에 도착해 수리를 맡겼다. 비용이 걱정이었다. 다행히 주머니에서 대통령이 주신 감사헌금이 나왔다. 할렐루야!

벤츠와 부딪치다

고물차에 얽힌 에피소드는 수도 없이 많다. 성도들과 전도를 하러 갔다가 BMW를 들이박은 적이 있다. 공장에서 막 나온 반짝반짝하는 새 차였다.

"세상에… BMW를…"

눈앞이 캄캄했다. 차안의 성도들도 찬물을 끼얹은 듯 조용했다. 나는 후다닥 차에서 뛰어내려 앞차 주인에게 고개를 무수히 숙이며 사과했다.

"뚜이부치… 뚜이부치…"

마음속으로는 '하늘 아버지 제발 도와주세요!' 부르짖었다. 양복을 좌악 빼입은 앞차 주인은 가타부타 말도 없이 나를 노려보고 있었다. 딱 봐도 주먹 세계에 종사하는 거친 분 같았다. 차 안에 있던 우리 성도들도 우르르 나왔다. 하얗게 질린 얼굴로 차 주인에게 대만어로 설명을 했다.

"이분은 한국에서 온 선교사인데 아직 초보운전입니다. 얼마면 보상이 가능할까요?"

새 차 주인은 내가 알아들을 수 없는 대만어로 마구 쏘아대더니 차를 몰고 부르릉 가버렸다. 간단히 번역하면 이런 말이다.

"재수 없어, 보험처리 해야지."

할렐루야, 하나님께서 "보 안에 든 물처럼" 그 분의 마음을 움직이신 것이다.

우리 고물차는 벤츠와도 부딪쳤다.

한국에서 단기선교 여행팀이 도착했을 때였다. 안내하느라 정신없이 차를 몰던 남편이 실수로 주차해 있던 벤츠의 옆을 스윽 긁고 말았다. 그러나 선교여행을 주관하느라 벤츠 운전사와 함께 경찰서로 갈 수 없었다. 상황을 설명해주고 우리는 교회 주소를 상세히 적어주었다. 벤츠 운전자는 자신의 명함을 주고 연락을 기다리라고 했다. 타이베이에서 온 대만 변호사였다.

선교여행 팀이 돌아갈 때까지 우리 마음에는 바위 덩어리가 묵직하게 얹혀 있었다.

'벤츠 수리비는 과연 얼마나 나올까? 더 이상 생활비도 없는데 어떡하지?'

일주일이 지났다. 여전히 연락이 없어 떨리는 마음으로 우리가 먼저 전화를 했다. 기어들어가는 목소리로 전화를 하던 남편이 갑자기 큰소리로 "감사합니다, 감사합니다!"를 외쳤다. 상대방이 보험으로 다 해결했으니 걱정하지 말라고 했다는 것이다.

오 주님! 내가 어떻게 살아계신 하늘 아버지의 역사를 부인할 수 있을까? 내 어찌 하나님이 보내신 대만 사람들을 사랑하지 않을 수 있을까?

새 차를 주시다

선교를 위해 인형극 공연을 하러 다니던 때였다. 학교와 유치원, 교도소, 공원까지 갈 수 있는 곳이라면 어디든지 갔다. 모든 장비를 차에 실어 날라야 했기에 내게 자동차는 필수품이었다. 그날 아침도 한 학교의 공연을 마치고 다른 학교로 이동하는 중이었다. 갑자기 차가 도로 한 가운데서 멈춰버렸다. 큰일이었다. 부랴부랴 교회에 연락해 교회차로 우리 차를 끌고 가게 했다. 무사히 그날 일정은 마칠 수 있었지만, 차량문제는 심각했다.

나는 그저 주님께 매달렸다.

갑자기 차이 형제한테 전화가 왔다. 차이 형제는 느닷없이 남편의 거류증번호와 우리 주소를 물었다. 한 시간 후, 우리 집 아래층에서 빵빵대는 소리가 들렸다.

"사모님 내려오세요."

차이 형제의 목소리를 듣고 내려가 보니 녹색 미쓰비시 차 한 대가 서있었다.

"새로 차를 바꾸셨어요?"

나는 가족같이 지내는 차이 형제가 자동차를 바꾸고 기도를 받으러 온 줄 알았다.

"아니요. 선교사님 가정을 위해 제가 하나 장만했어요. 중고차지만 세금 다 정리했고 보험도 다 지불했습니다."

나는 기쁨보다 당혹감이 앞섰다. 차이 형제가 최근 공장 증축으로 엄청난 돈을 은행에서 융자를 받았다는 것을 알고 있었기 때문이었다. 매달 이자를 내기도 힘든 차이 형제에게 이 차를 받을 수는 없었다. 나는 극구 사양했다. 차이 형제는 웃으며 말했다.

"저는 걱정 없습니다. 하나님 일이 더 중요하니까요. 선교사님은 그냥 열심히 주의 일을 하고 다니시면 됩니다."

차이 형제는 내게 자동차 키를 쥐어 주고는 가버렸다.

10년 된 중고차였지만 우리에게 이 차는 벤츠 같았다. 차도 크고 엔진도 좋고 거기에 에어컨도 나왔다.

믿음으로 차를 선물해 준 차이 형제는 주님의 은혜로 경제사정이 좋아졌다. 그는 진짜 벤츠를 사서 몰고 다니게 되었다.

귀신의 달을 믿는 사람들

　대만은 일 년 내내 제습기가 필요한 곳이다. 우기가 되면 거의 한 달 동안 비가 쏟아져 마치 노아시대의 '하늘의 창'이 열린 것 같다.
　이곳 사람들은 우산을 들고 다니지 않는다. 거센 바람과 장대비를 우산으로 막을 수가 없어 우비를 입을 수밖에 없다. 아열대 섬나라의 습도는 여름에 옷을 바싹 말릴 수가 없다. 늘 축축하다. 대만의 가정에는 옷을 말리는 기계가 따로 있다.

　대만에서 첫 여름을 맞았다. 한창 더운 8월이었다. 욕조에 물을 받아 아이들을 놀게 하는 것도 한계가 있었다. 우리 네 식구는 오토바이에 몸을 싣고 바닷가로 향했다. 대만은 작은 섬나라라 시내만 벗어나면 바로 태평양바다를 볼 수 있다. 그날도 한국의 여름 바닷가처럼 북적북적한 인파를 상상하면서 바닷가로 향했다.

놀라운 일이었다. 그 넓은 해변에 단 한 사람도 없었다. 딱 우리 식구뿐이었다.

"무슨 일이 있나?"

내심 불안했다. 하지만 이왕 바다에 왔으니 실컷 물놀이도 즐기고, 찬양도 하고, 아리랑까지 부르면서 해가 질 때까지 놀았다.

집에 돌아오니 대만 여성과 결혼해 사시는 김씨 아저씨가 우리를 기다리고 있었다. 잔뜩 걱정스런 표정이었다.

"해가 졌는데도 돌아오지 않으셔서 걱정하고 있었습니다."

우리가 웃으면서 대답했다.

"깜깜한 밤에도 돌아다니는 데 뭐가 걱정이세요?"

"그게 아니라 오늘 바닷가에 사람들이 있던가요?"

"아니요. 해변에 한 사람도 없더라고요. 이 더위에 대만 사람들은 다 어디로 피서를 가나요?"

김씨 아저씨의 대답은 놀라웠다.

"대만에서 음력 칠월은 귀신 세계의 문이 열려 온갖 귀신들이 다 세상으로 내려오는 달이거든요. 특히 바다를 통해 오는 귀신이 많기 때문에 음력 7월 한 달 동안 대만인들은 절대로 바닷가에 가지 않습니다. 또 해가 지면 귀신의 활동이 많아진다고 해서 밤엔 돌아다니지도 않지요."

666을 최고의 행운의 숫자라고 여기고, 집집마다 사당을 모시고, 붉은 칠을 한 대문 밖에서 제사를 지내고, 그것도 모자라 이 무더운 여름에 귀신이 무서워 하나님이 주신 아름다운 해변도 누리지 못하는 대만인들이 참으로 안타깝고 불쌍했다.

하나님의 자녀인 우리는 아무 두려움 없이 바닷가에서 우리만의 피서를 만끽할 수 있었다. 참 신을 아는 백성들이 누릴 수 있는 자유함과 특권이었다. 우리는 예레미야를 통해 하신 말씀을 붙잡고 간절하게 대만인들을 위한 기도를 드렸다.

"내가 여호와인 줄 아는 마음을 그들에게 주어서 그들로 전심으로 내게 돌아오게 하리니 그들은 내 백성이 되겠고 나는 그들의 하나님이 되리라." (예레미야 24:7)

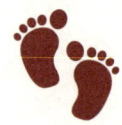

왜 중국어를 안 배우나요?

대만에 도착하자마자 우리를 반겨주는 이웃이 있었다. 앞집에 사는 롱타이타이다. 우리 아이들과 같은 나이의 딸과 아들을 둔 아줌마인데 나와 나이도 같고 남편도 박 목사와 동갑이라 친구로 지내기 딱 좋은 부부였다.

롱타이타이의 남편은 밤에 일을 나가는 직업을 갖고 있어 낮에는 자야했다. 롱타이타이는 남편 수면에 지장을 줄까봐 아이들을 데리고 주로 밖에서 시간을 보냈다. 우리 부부를 만난 것도 길거리에서였다. 롱타이타이는 나와 사귀자마자 아침에 우리 집으로 출근해서 저녁식사를 마친 후에야 집으로 퇴근을 했다. 이 아주머니는 집안에서는 딸이라고 구박을 받았고, 학교에서는 따돌림을 당해 중학교를 중퇴했다. 태어나서 한번도 친구를 사귀어본 적이 없다는 이 아주머니가 활달한 나를 만났으니 얼마나 즐거웠겠는가. 아주머니는 자신의 결혼 목걸이를 내게 걸어주며 친자매처럼 지내자고 했다.

롱타이타이는 아침마다 빵을 쪄서 한 접시씩 가져왔다. 주님이 보내주신 천사 같았다. 덕택에 우리 두 아이들은 외롭지 않았다. 친정과도 왕래가 없는 아주머니는 시간이 넘치고 넘쳤다. 내가 가고 싶은 곳은 어디든지 같이 가주었고, 모르는 것은 영어사전을 뒤적이며 가르쳐 주었다.

얼마쯤 지나서였다. 나와의 대화를 위해 영어사전까지 사서 들고 다니던 롱타이타이가 정색을 하고 내게 물었다.

"당신은 정말 대만에 살고 싶은 겁니까?"

나는 깜짝 놀랐다.

"당연하지요. 나는 대만 선교를 위해서 온 사람이에요. 우리 애들은 다 대만학교에 보낼 거고요."

"그런데 왜 중국어를 배우지 않나요?"

말이 막혔다. 돈이 없어서 언어중심에 등록을 못한다는 말이 나오지 않았다.

한국에서 오는 후원금은 한 달 방세를 내면 바닥이 났다. 그나마 제대로 오지 않을 땐 남편의 중국어 레슨비도 버거웠다. 생활비와 아이들 교육비는 까마귀가 물어다 주는 것을 기대하고 살아야했다. 그러나 롱타이타이의 이 말은 내게 큰 자극이 되었다. 마치 성령님께서 내 믿음 없음을 꾸짖는 것 같았다.

'그래, 내 하늘 아버지가 부자이신데 내가 왜 돈이 없다고 도전조차 하지 못했던가?'

그날부터 나는 하나님의 이름 앞에 수식어 하나를 붙여 부르며 기도하기 시작했다.

"나의 라오반(사장님)이신 하나님! 중국어를 배울 수 있게 해주세요."

무료로 유치원을 보내주시다

　내가 중국어를 배우러 다니려면 먼저 아이들 문제를 해결해야 했다. 남편은 하루 종일 전도하러 다니거나 교회에서 지내기 때문에 아이들을 돌볼 시간이 없었다. 내가 학교를 다니려면 아이들이 가까운 곳의 유치원을 다녀야 했다. 알아보니 우리 집에서 5분 거리에 유치원이 있었다.
　매일 시간이 나면 유치원 앞을 거닐며 기도를 하기 시작했다.
　"주님, 우리 아이들이 이 유치원에 다니게 해주세요."
　기도한지 일주일이 지났다. 교회에서 사업장 심방예배가 있다고 해서 같이 가자는 연락을 받았다. 두 아이들과 함께 교회로 가서 교회 버스를 탔다. 놀랍게도 도착한 곳은 다름 아닌 내가 매일 기도하고 있는 우리 집 뒤에 있는 유치원이었다.
　예배를 마치고 유치원 원장님이 "안녕하세요?"하면서 내게 다가오셨다. 우리 아이들을 어루만지며 이런 저런 얘기를 하셨다.
　"나는 한국인 선교사들을 존경합니다. 내 남편은 한국인 집회에 많이 다녀왔고, 저도 한국에 자주 가서 한국 유치원의 좋은 점을 대만에서 접목시키고 있습니다. 그런데 선교사님 아이들은 유치원에 다니고 있나요?"
　주님의 인도하심을 나는 확신했다. 원장님은 아이들 교육비를 한 푼도 받지 않을테니 내일부터 당장 유치원에 보내 달라고 하셨다.

장학금을 획득하다

　이제 남은 것은 나의 중국어 레슨비였다. 일단 한 달 생활비와 방세를 모두 털어 성공대학 언어중심에 등록을 했다.

"굶으면 굶으리라! 나의 라오반 하나님이 계시지 않는가!"

나는 고물상에 가서 허름한 자전거를 구입했다. 자전거에 바람을 넣으며 대학시절 자전거를 타고 다니던 실력을 대만 땅에서도 발휘해 보기로 작정했다.

주위 사람들은 걱정을 했다. 30도가 넘는 이 더위에 한 시간 반을 자전거를 타고 통학할 수 없다고 나를 말렸다. 하루도 못가 자전거는 쓸모없게 될 거라고 했다. 그러나 나는 대만의 장대비 속에서도 신나게 자전거를 타고 다녔다. 주님은 성공대학 언어중심을 마치는 13개월 동안 무사히 자전거 통학을 도와주셨다.

중국어는 생각보다 큰산이었다. 기초가 전혀 없는데다 중국어 이해를 위해 영어로 쓰인 교본을 읽어야 했다. 영어라고는 학원 근처도 못 가본 나였다. 그러나 나는 매일같이 중국인 아주머니와 수다를 떤 사람이다. 듣기 능력은 남들보다 뛰어나 다른 유학생보다 좋은 성적을 받았다. 나는 주먹밥 한 개를 점심으로 싸가지고 와서 빈 교실에 앉아 하루 종일 공부를 했다. 모르는 것이 있으면 사무실 직원들에게 물었다. 그 덕에 내 또래 사무실 직원들과 친구가 되었다. 나는 그분들에게 김치를 선물했다.

3개월 후, 기쁜 소식이 들려왔다. 언어중심에서 중국어 동화대회를 개최하는데 성적이 좋으면 6개월을 더 공부할 수 있게 해준다는 것이다. 확신이 왔다.

"주여, 도전하겠습니다."

난 겨우 3개월 중국어를 배웠고, 다른 참가자들은 몇 년씩 다닌 사람들이었다. 감히 3개월짜리가 도전을 한다니까 다른 유학생들이 나 보고 "욕심도 많다"며 웃어댔다. 그러건 말건 나는 하나님 빽만 믿었다.

　무조건 외우고 발음을 연습했다. 동화는 특별히 그림을 그려서 막대동화를 준비했다. 내 전공이 유아교육이라 동화구연은 자신이 있었다.

　결국 난 동양파트에서 1등을 했다. 나의 라오반 주님께서는 내게 6개월의 장학금을 획득하게 해주셨다.

　6개월 후, 언어중심에서는 3개월치 장학금을 걸고 또 다시 중국어 말하기 대회를 개최했다. 이번에는 남편과 함께 도전을 했다. 남편은 목사님답게 이 기회에 전도를 해야 한다면서 성경의 요나서를 가지고 도전을 했고, 나는 언어중심에서 정해준 이야기를 가지고 출전했다.

　결과는 억척스런 내가 1등, 남편이 2등을 차지했다. 나의 중국어 연수는 주님이 원하시는 대로 연장되었다.

적응을 위한 질병

갑자기 내 몸에 이상이 오기 시작했다. 한번은 머리가 어지럽고 토하기 시작하는데 금방이라도 죽을 것 같았다. 응급실에 실려가 정밀 검사를 해보았지만 원인을 알 수 없었다. 그러던 중 대만 친구가 젖은 내 머리카락을 보더니 이렇게 물었다.

"왜 머리를 감고 드라이어로 말리지를 않니?"

나는 이렇게 더운 날씨가 말려주는데 왜 드라이어가 필요하냐고 되물었다.

그 친구는 대만은 습하기 때문에 머리를 감고 잘 말리지 않으면 머리에 풍이 생겨 두통이 심해진다고 알려주었다. 그것도 모르고 젖은 머리를 한 채 자전거를 타고 씩씩하게 통학을 했으니 몸에 무리가 온 것이었다.

내게는 중학교 3학년 때부터 색소침착성 피부병이 있었다. 고질병이었다. 겉으로는 멀쩡한데 몸속은 파충류처럼 얼룩덜룩했다. 다른 환자들은 약을 먹으면 깨끗해지는데 나는 이상하게 아무 효과가 없었다.

너무 힘이 들어 중학교 때는 학교 옥상에 올라가 뛰어내리려고도 했다. 그 때 하나님께서는 하늘의 별무리를 통해 감동을 주셨다. 고등학교 때에는 소록도까지 가기도 했다. 나병인줄 알았는데 그 병은 아니라고 했다.

대학을 졸업하고 고아원 보모로 근무했다. 매일 밤 고름을 쏟아낸 후에야 몸에 가려움증이 사라졌다. 가렵고 따갑고 피고름을 쏟고 덕지덕지 앉은 딱지가 내 몸속에 늘 붙어 다녔다.

이 병은 내가 짊어진 가장 무거운 십자가의 고통이었다. 그러나 이로 인한 주님의 연단이 결국은 나로 하여금 목사의 아내가 되기까지 인도하셨고, 무슨 일에든지 기도와 순종의 길을 걷게 하셨으니 이 병은 내게 바울의 가시와 같았다.

대만의 습하고 더운 날씨는 옷 입는 것 자체가 고통이었다. 의사선생님은 정말 의아해하셨다.

"선교사님 병은 아무래도 하늘이 내린 병 같습니다. 이 약으로 다른 사람들은 다 치유되는데 선교사님한테만 효과가 없어요. 신기한 것은 다른 사람들은 온몸에 피부병이 다 번지는데 선교사님은 남들에게 안 보이는 곳에만 있어요. 겉으로 볼 땐 깨끗해요. 그러니 하나님께 기도해 보세요. 약을 가져가는 것보다 기도하는 길밖에 없는 것 같습니다."

마침 우리 성경공부에 나오는 자매가 대학병원에 근무하고 있어서 진찰을 받은 적이 있었다. 조직검사까지 했지만 한국에서와 똑같은 약을 처방받았다. 그런데 이 약을 먹고 나자 갑자기 황달현상이 일어났다. 온몸이 노랑물감을 들인 것처럼 변했다. 당황한 의사선생님이 미국에서 방금 교환의사로 오신 다른 의사선생님을 소개해 주셨다. 그 분은 나를 보더니 대뜸 이렇게 말했다.

"당신은 참 운이 좋은 분입니다. 얼마 전 미국에서 이 병을 위한 새로운 약이 개발되어 아주 좋은 효과를 보이고 있습니다. 3일이면 좋아질 것입니다."

17년 이상 이 병으로 죽고 싶을 만큼 고통을 당했는데 3일 만에 치유될 수 있다니! 믿을 수 없었지만, 정말 3일 만에 내 병은 깨끗하게 치유되었다.

며칠 후 이 의사는 미국으로 돌아갔다. 마치 나를 치료하기 위해 하나님께서 특별히 보내신 것 같이. 선교사로 순종했다고 주님께서 주신 가장 큰 선물이었다.

질병을 통한 연단과 치유하시는 주님의 손길은 우리 아이들에게도 일어났다.

허약체질로 소아천식을 앓고 있던 딸아이는 대만의 오염된 공기에 더 힘들어했다. 교회 유아실에 있는 딸아이의 애처로운 기침소리가 예배실까지 들리곤 했다.

하루는 밤 예배를 마치고 오는데 우리에게 찐빵을 가져다주시는 권사님이 우리를 차에 태우시더니 개인병원으로 데려가셨다. 대만의 유명한 의사들은 개인진료소를 가지고 있다. 보험에도 가입하지 않고 비싼 진료비를 받는다. 내 수중에는 돈이 없는데 막무가내로 이 비싼 개인진료소에 아이를 데리고 오신 권사님이 원망스러웠다. 권사님은 의사 앞에 아이를 앉히더니 얼른 1,000NT를 내셨다. 그리고 또 2,000NT를 아이 손에 쥐어주셨다.

"약 잘 먹고 밥 잘 먹어서 빨리 낫자."
 딸아이는 이틀 만에 기침이 나았다.

 아들의 경우는 아주 심각했다. 어느 날, 다민이 몸에서 열이 펄펄 끓었다. 39도가 넘었다. 나는 아이를 벗겨 차가운 바닥에 눕히고 찬 수건으로 닦아 주었다. 보험도 없고 끼니도 걱정해야 하는 처지라 병원에 데려갈 수가 없었다. 그런데 갑자기 아들의 눈이 뒤집히고 혀가 말려들어 가면서 간질처럼 발작을 하기 시작했다. 급한 마음에 나는 아들을 부둥켜안고 앞집 문을 두드렸다. 중국어가 부족해 글로 119를 적어 주었다.
 열병이었다. 나는 병보다 병원비가 더 걱정이 되었다. 수중에 몇 백 원밖에 없는 외국인 처지에 119까지 불러 탔으니 어찌 뒷감당을 해야 할 것인가.
 다행히 앞집 아주머니가 한국 돈 15만 원 정도인 5,000NT를 선뜻 빌려 주셨다. 퇴원은 했지만 나는 걱정이 앞섰다. 이 돈을 어떻게 갚아야 하는지.
 다음 날은 주일이었다. 교회에 갔더니 재정을 맡은 권사님이 내 어깨를 토닥여 주시더니 돈이 든 봉투와 의료보험카드를 주셨다. 대만 선교를 위해 오셨는데 교회에서 월급은 못줄망정 가족의료보험정도는 들어주자고 교회재정부에서 결정이 났다는 것이다. 봉투에는 딱 5,000NT가 들어있었다. 할렐루야!

 아들의 병은 뇌막염이었다. 병원비가 없어 집에서 치료하겠다고 했더니 의사가 화를 냈다.
 "죽을지도 모를 긴급한 상황인데 가정치료는 있을 수 없습니다."
 일단 아이를 입원시켜야 했다.

주일이 되었다. 예배 때마다 내가 특송을 해왔기에 그날도 "주는 나의 반석이시요"라는 찬양을 드렸다.

특송을 마치자 원로목사님이 기립하셔서 박수를 치셨다. 눈물까지 흘리셨다. 목사님은 성도들을 향해 말씀하셨다.

"지금 선교사님 아들이 뇌막염으로 생사를 넘나들고 있는데 이렇게 교회에 나와 반석이신 주님을 부르셨습니다. 이분들의 신앙을 본받아야 합니다."

내가 더 당황했다. 성도의 당연한 본분을 했을 뿐인데 이렇게 박수까지 받아도 되는 것인가 하고 말이다.

예배가 끝난 후 몇몇 성도들이 내 호주머니에 봉투를 넣어 주셨다. 병원에 도착해 세어 보니 입원비의 두 배가 되는 돈이었다.

가난한 선교사는 어떻게 살아갈 수 있는 것일까? 하나님이 일으키시는 기적으로 산다. 그 기적은 성도들의 사랑이다. 다들 경제석으로 넉넉하지 못한 분들이었다. 그러나 가난을 겪어 보셨기 때문에 우리 같은 선교사에게 큰 사랑을 베푸신 것이다.

그 안에 주님의 사랑이 있었다.

사모님 솜씨가 우리보다 좋아요

대만에 온 지 일 년이 넘도록 나는 대만 요리를 할 줄 몰랐다. 주변 아주머니들에게 물어봐도 무조건 볶고 튀기는 것 이외는 별달리 요리하는 사람이 없었다. 대만 사람들은 대부분 밖에서 음식을 사먹지 집에서 요리하는 사람은 적다. 기름진 음식을 싫어하는 나는 중국 음식보다는 한국에서 보내주는 고춧가루와 된장이 든 음식을 좋아했다.

타이중에 사시는 독신 여선교사님이 우리 집을 방문한다는 연락이 왔다. 나는 냉장고의 모든 재료를 꺼내 정성껏 반찬을 만들었다. 그런데 쌀독에 쌀이 한 톨도 없었다. 내 수중에는 쌀을 살 돈이 없었다.
이런 위기에 내가 할 수 있는 것은 기도밖에 없었다. 식탁 위에 반찬들을 차려놓고 빈 밥그릇을 앞에 두고 기도를 했다.
"주님, 사랑하는 선교사님이 저희 가정을 위로하고자 세 시간이 넘는 거리를 찾아와 주시는데 밥이 없습니다. 제가 주의 사랑을 입은 자답게 식사 대접을 할 수 있게 해주세요."

딩동 벨이 울렸다. 식탁 위에는 빈 밥그릇이 그대로 있었다.
'어떻게 해야 하나요?'
미안한 마음으로 문을 열었다. 우리 큰언니와 꼭 닮으신 50대 선교사님이 서계셨다. 쌀을 한 포대 들고서.
"사모님 처음 뵙겠습니다. 아들이 있다고 해서 과자를 사오려고 가게에 들어갔는데 자꾸 제 손이 쌀 쪽으로 가서 처음 오는 집에 쌀을 다 들고 왔네요. 죄송합니다."
아이들은 실망했지만, 나는 할렐루야를 외쳤다.
식사를 하면서 선교사님이 우리 반찬을 보시더니 대뜸 이렇게 말씀하셨다.
"사모님, 풍토병을 많이 앓으시겠어요."
그렇지 않아도 나는 이유 없이 매일 아팠다.
"우리가 한국 사람이지만 여기에서 살려면 대만에서 나는 재료로 만든 음식을 먹어야 합니다. 신토불이지요."
맞는 말씀이었다.
나는 대만요리를 배워야 했다. 마침 신학교 주방 아주머니가 가르쳐주겠다고 했다. 나는 주방에 나가 일도 돕고 요리도 배웠다.
"설마 사모님이 요리로 장사는 안 하실 테지요?"
웬만하면 절대로 가르쳐 주지 않는 요리비법까지 나는 배울 수 있었다.

우리 집에서 갖는 모임의 수가 점점 많아졌다. 대만식 요리를 해야 할 기회가 많아지면서 내 솜씨도 늘어났다. 삼사십 명이 먹을 요리도 저렴한 식재료를 써서 한 두 시간이면 뚝딱 해낼 수 있었다. 심방을 할 때도 간단한 요리를 해서 가져가면 매일 밖에 나가 사먹는 음식에 질린 교인들이 무척이나 고마워했다.

"사모님 요리가 제일 맛있어요. 우리보다 잘 만드세요."

기쁜 마음으로 맛있는 음식을 만들어 양들을 먹이는 것이 선교에 큰 도움이 되었다.

대만을 사랑하라!

우리 부부가 성공대학 언어중심 주최 중국어 경연대회에서 받은 장학금은 우리 돈으로 150만원 정도로 정말 큰돈이었다. 나는 이 돈으로 냉장고를 꼭 사고 싶었다. 냉장고를 열 때마다 문이 덜렁거려 밑을 받쳐놓은 벽돌을 옮겨야 했고, 녹이 떨어져 바닥이 지저분했다. 누가 봐도 비위생적이었다. 남편이 퇴근하면 같이 나가 냉장고를 사려고 나는 만반의 준비를 하고 기다리고 있었다.

"딩동!"

그날따라 벨소리도 명랑하게 들렸다. 나는 바람처럼 날아서 현관문을 열고 나갔다.

"여보, 들어오실 필요 없어요. 준비가 다 되었으니 어서 갑시다."

그러나 남편의 표정이 이상했다.

"여보, 그게 아니라…… 내 말 좀 들어보세요."

가슴이 덜컥 내려앉았다.

예감은 틀리지 않았다.

집에 돌아오는데 어떤 택시기사가 뒤에서 우리 차를 박았다고 한다. 남편이 차에서 내려 그 택시기사와 얘기를 나누던 중 그 분 아들이 교통사고를 당해 병원에 입원했는데 입원비가 없어 난감하다는 사연을 들었다고 한다.

"그래서 나는 목사인데, 앞으로 교회를 다니겠다면 내가 도와주겠다고 했어요. 우리가 받은 장학금 전부를 그 분에게 주기로 합시다."

나는 펄쩍 뛰었다. 당장 짐을 싸서 한국으로 돌아가겠다고 했다. 처자식은 안중에도 없는 무책임한 가장이라고 남편을 비난했다. 한 마디 상의조차 없이 자기 마음대로 결정한 행동을 용서할 수 없었다.

어떻게 노력해서 받은 상금인가? 이 돈이야말로 주님께서 우리 형편을 불쌍히 여기셔서 주신 기적과 같은 돈이 아닌가. 그런 돈을 몽땅 알지도 못하는 사람에게 준다고? 그 말이 진실인지 아닌지도 모르면서?

나는 이혼을 결심하고 짐을 쌌다. 한국에 돌아가면 아직 복직할 직장이 남아 있었다. 비행기 값도 있으니 나는 얼마든지 한국으로 돌아갈 수 있었다.

방문을 잠그고 하루를 울었다. 울고 또 울고. 이런 남편과 살아야 할 내 인생이 한없이 걱정이 되었다. 밤을 꼬박 새우면서 울며 기도를 했다.

새벽이 되었다. 남편은 새벽기도에 나갔다. 나는 방안에 홀로 앉아 그저 주님만 불렀다.

어차피 이 돈은 나가게 될 거라는 마음이 들었다. 나는 남편을 설득할 만한 능력이 없었다. 한번 한다면 꼭 하는 성격의 남편을 이길 수가 없었다. 나 혼자 한국에 가든지, 아니면 돈을 내놔야 했다. 기도의 내용이 조금 변하기 시작했다.

"주님, 제 생각을 바꾸어 주세요. 이 돈에 대한 아까운 마음을 버릴 수 있도록 제발 저를 도와주세요. 저도 기꺼운 마음으로 그 분을 도와주게 해주세요. 저희를 축복해 주세요."

한 줄기 빛이 내 마음을 통과했다.

"그까짓 돈! 우리 하나님 아버지는 더 부자신데."

나의 전부 같았던 돈이 갑자기 하찮게 느껴졌다. 순간 음성 하나가 들려왔다.

"대만을 사랑하라! 대만을 사랑하라! 대만을 사랑하라!"

나는 고꾸라져서 엉엉 울기 시작했다. 대만에 대한 사명감만 있을 뿐 사랑은 없는 껍데기 선교사가 바로 나였다. 주님은 베드로에게 하셨던 말씀을 내게 하셨다. 주님의 일에 대한 사명감이 아닌 '사랑'을 요구하신 것이다.

새벽기도를 마친 남편이 돌아왔다. 나는 웃으면서 맞이했다.

"여보, 돈 여기 있어요."

남편은 돈 봉투를 들고 신이 나서 뛰어나갔다. 아침까지 그 돈을 주기로 약속이 되어 있었다.

나는 지금 우리 가정에 필요한 모든 것을 써서 벽에 붙여 놓았다.

"주님, 지금 저희에게 이것들이 필요합니다."

그 동안은 대만을 위해 기도할 때마다 하늘에 용들이 똬리를 틀고 있어 내 기도가 상달되지 않는 것 같이 답답했었는데, 그 순간부터는 하나님과 직통하는 느낌이 들었다. 대만이라는 나라가 사랑스럽고, 대만 사람들이 더할 수 없이 사랑스러웠다.

새는 바람이 부는 날 집을 짓는다고 한다. 가장 안전한 집을 짓기 위해서다. 신앙도 그렇다. 위기를 믿음으로 극복할 때 신앙의 기초가 단단해진다. 가난한 선교사에게 절실했던 돈을 더 도움이 필요한 사람에게 주라고 주님이 명하시면 따라야 하는 것이다. 나는 시험 하나를 통과했다.

놀라운 일이었다. 그 달에 우리 가정에 들어온 대만인들의 헌금은 우리가 베풀었던 돈의 3배 이상이었다.

우리의 대만 선교사역은 이 시점부터 비로소 시작되었다.

2부
사역을 시작하다

예수께서 이르시되 내 말이 네가 믿으면
하나님의 영광을 보리라 하지 아니하였느냐 하시니 _ 요한복음 11:40

진짜 선교사

오토바이를 타고 가고 있는데 내 앞에 달리던 오토바이가 끼익하고 갑자기 멈춰 섰다. 놀란 나도 급정거를 했다. 내 뒤의 오토바이들도 줄줄이 급정거를 했다. 다행히 다치지는 않았지만 놀란 가슴을 쓸어내렸다. 한국처럼 누군가 항의성 소리를 질러댈 줄 알았는데, 아무 소리도 없었다. 무슨 일인가 하고 둘러봤다.
'아하!'
급정거한 장소는 길 옆 고층건물로 인해 도로 한 가운데까지 그늘이 진 곳이었다.
길 한 가운데서 큰 차가 유유히 유턴을 하고 있었다. 차들이 밀려서 있는데도 누구하나 빵빵대고 클랙슨을 울리는 사람이 없었다. 참 여유 있고 너그러운 사람들이었다.

처음 대만에 와서 사람을 만날 때마다 나는 "핑안! 핑안!"인사를 하면서 정숙하게 두 손을 앞으로 모으고 90도 각도로 절을 했다. 그러나 대만 사람들은 살랑살랑 손을 흔들거나, 허리를 반듯하게 편채, "하이, 쓰무(사모님), 핑안!"하고 슥 지나쳐 갔다.
 '나를 무시하는 건가?'
 처음엔 서운했다. 하지만 대만 사람들은 아이들이나 어른이나 똑같이 "하이 핑안!"하면서 간단하게 인사를 했다. 예의가 없는 게 아닌가 하던 내 의구심은 사라졌다.

 하루는 앞집 아주머니가 심각한 얼굴로 할 말이 있다며 골방으로 나를 데려갔다. 아주머니는 나에게 자기 아들을 더 이상 "헌 꽈이"라고 부르지 말아 달라고 했다. "헌 꽈이"는 착하다는 말이다.
 "착하다고 칭찬하는 데 뭐가 잘못되었나요?"
 내가 웃으면서 묻자, 아주머니는 화를 냈다.
 "언제 사모님이 칭찬을 했나요? 항상 말썽꾸러기라고 욕을 했지요."
 알고 보니 "헌 꽈이"를 일성으로 하면 칭찬이 되지만, 사성으로 하면 욕이 되었다. 내가 그것도 모르고 사성으로 말했으니 아주머니가 속이 상한 것도 무리가 아니었다. 정신이 번쩍 들었다. 그날 밤 난 성조 연습만 4시간 이상 투자해 바로잡았다.

 대만 사람들에게 예수님을 전하기 위해 온 선교사로서 문화와 관습이 다른 현지인들을 무조건 이해하고 사랑해야만 한다. 하지만 그것이 마음대로 되지는 않는다. 우리와는 다른 대만 사람들의 생활방식을 이해할 수 없고, 진심을 다해 전도를 해도 거절당하고, 심지어는 속임을 당할 때도 있다. 속으로 분노를 삭이기도 하고, 참다못해 엉엉 울기도 한다. 그럼에도 불구하고 신기한 것은 내가 대만 사람들을 아주 좋아하고 사랑한다는 것이다. 나의 고민은 이것이다.

'나는 언제쯤에야 이들처럼 사고하고 생활할 수 있을까?'

그러면서 나는 선교사가 가져야 할 두 가지 덕목을 배웠다.'오래 참음'과 '하늘로부터 오는 지혜로움'이다.

언어중심에서 나는 또 다른 장학금을 받았다. 이번에는 냉장고와 세탁기를 살 수 있었다. 나는 품질이 좋은 한국 제품을 사고 싶었다. 그러나 남편은 대만 정부가 준 돈인 만큼 대만 제품을 사야 한다며 한국 제품을 만지작거리는 내 손을 돌려 대만제 냉장고를 구입하게 했다. 냉장고 구입을 돕기 위해 같이 따라와 준 앞집 아주머니는 대만인들도 대만 제품보다 미제나 일제를 사는데 우리가 대만 제품을 구입한다며 우리에게 "진짜 선교사"라는 호칭을 붙여주었다.

아이들이 초등학교에 입학할 때도 마찬가지였다. 대부분의 선교사들은 자녀를 선교사가 세운 미국국제학교에 보낸다. 그러나 우리는 대만 초등학교에 애들을 보냈다. 우리는 당연하다고 생각했는데, 대만 성도들은 감격스러워했다. 어떤 집사님은 자진해서 우리 딸의 숙제를 봐주기도 했다.

우리는 대만인들이 우리의 일거수일투족을 지켜보고 있다는 것을 알았다. 복음을 전하러 왔으면서 현지인들에게 이질감이나 우월감을 보이는 것은 전도에 큰 장벽이 된다는 것을 알았다.

주님은 우리에게 대만의 좋은 사람들을 많이 만나게 해주셨다. 피가 다르고, 언어와 민족이 다른 이곳 사람들이 우리를 자신의 형제처럼, 친구처럼 사랑해 주었다. 대만의 민족어인 대만어를 배우지 않고, 표준어인 중국어를 배운다고 섭섭해 하면서도 어쩌다가 서툰 대만어를 사용해 주면 좋아서 어쩔 줄 모르는 순박하고 정 많은 대만 사람들이다.

선교사는 선교지를 진심으로 이해하고 사랑하는 것이 중요하다. 남편은 내 입에서 어쩌다가 한국과 대만을 비교하는 말을 하면 한 마디 한다.
"당신이 지금 어느 나라 물을 먹고 사는지 잊지 마세요."

나는 이제 대만 사람이 다 된 것 같다. 대만 여자들처럼 오토바이를 이용해 아이들을 귀가시키고, 장도 보고, 자동차로는 교인들을 태우고 심방을 다닌다. 지리는 내가 더 환하다.
"사모님은 우리보다 더 대만 사람 같아요."
우리 교인들이 나를 자랑스러워한다.
사람들은 내게 "어느 나라에서 온 사람입니까?"라고 묻는 대신 "고향이 어디십니까?"하고 물어온다. 그 때마다 나는 대답한다.
"타이난이 고향입니다."

이렇게 세상을 사는 사람도 있네요

언어중심에 갔다가 대만 여인과 결혼한 김씨 아저씨를 만나게 되었다. 김씨 아저씨의 처갓집은 대만에서 상류층에 속했다. 아저씨와 그분의 아내는 우리를 가족처럼 대해 주었다. 정말 예의 바르고 친절한 분들이었다.

아저씨는 일본 유학시절에 배웠던 한국 요리로 타이난에 처음으로 한국식당을 개업했다. 아저씨는 손님용 고기를 썰고 남은 부분을 우리에게 갖다 주셨다. 이 고기는 우리 식구는 물론이고, 손님 접대와 신학생들의 식사에 큰 도움이 되었다.

김씨 아저씨는 성공대에서 유학중인 한국 학생들을 많이 소개해주셨다. 그들을 전도하려고 종종 우리 집에서 모임을 가졌다. 우리 집은 학생들의 고민도 상담해 주고 어려움도 해결해 주는 유학생들의 센터가 되어갔다.

그 중 부모님의 속을 썩이며 문제를 일으켜 거의 도피하다시피 유학을 온 여학생이 있었다. 그 여학생은 우리 부부가 살아가는 모습을 보며 깨닫는 바가 있었던 모양이다.

"세상을 이렇게 사는 사람은 처음 봤어요."

그 여학생은 자신의 삶도 새롭게 시작하겠다며 열심히 공부를 했다. 우리는 그 여학생의 부모로부터 여러 차례 고춧가루 선물을 받았다.

대만에서의 첫 설날이었다. 이국땅에서 지내는 유학생들을 잘 먹이고 싶었다. 찹쌀가루를 사서 압력밥솥에 찰떡도 하고 내가 할 수 있는 정성을 다해 상을 차려 대접을 했다. 학생들이 돌아가고 나자 막상 우리 식구들이 먹을 쌀이 한 톨도 남아있지 않다는 걸 알았다. 쌀을 살 돈도 없었다. 큰 아이는 크레파스를 사달라고 조르고, 작은 아이는 장난감이 갖고 싶다고 칭얼대는데 나는 아무 대책도 없이 주님만 불렀다.

남편이 큰 소리로 찬송을 시작했다. 우리도 같이 따라 불렀다.

그 때였다. 누군가 벨을 울렸다. 나가보니 낯선 대만 사람 한 분이 서 계셨다.

"혹시 한국에서 온 선교사님이세요?"

"그렇습니다만 누구신가요?"

"하나님 감사합니다."

그분은 다짜고짜 손에 든 커다란 종이가방을 우리에게 건네주셨다.

"아이들 크레파스와 스케치북, 장난감을 좀 준비했습니다."

큰 아이와 작은 아이는 자기 선물이라고 좋아서 뛰고 난리가 났다. 도대체 이게 어떻게 된 일인지 어리둥절했다.

그분의 말에 의하면, 기도하는 중에 하나님께서 타이난에 있는 한국인 선교사를 찾아 대접하라는 음성을 들었다고 한다. 그분은 한국인 선교사를 찾기 위해 외국인이 많이 다니는 성공대학 언어중심까지 가셨는데 그곳에서 우리 집을 가르쳐 주었다고 한다.

그분은 타이난에서 큰 교회를 담당하시는 대만인 목사님이셨다. 우리 가족은 그날 그분의 초대를 받았다. 그분의 승용차를 타고 사택에 가서 생전 처음 먹어 보는 대만 설날 정식만찬을 대접받았다. 그분은 아이들에게 세뱃돈까지 주셨다.

마치 천사로부터 대접을 받은 것 같은 황홀한 저녁이었다. 그 흥분이 채 가라앉지도 않은 밤 11시경이었다. 누군가 또 벨을 울렸다. 나가보니 이번에도 낯선 남자가 한 분 서 계셨다.

"혹시 한국인 선교사이십니까?"

그렇다고 하자, "잘 찾아왔네요. 하나님 감사합니다."하면서 들고 있던 큰 자루를 건네주었다.

"저는 다른 도시에 사는 사람입니다. 주님께서 제가 농사를 지은 무와 옥수수를 한국인 선교사님께 갖다 주라는 음성을 들었습니다."

그분은 타이중에서부터 교회를 수소문하면서 알지도 못하는 한국인 선교사를 찾아 결국 이 늦은 밤에 우리를 만날 수 있었다고 한다.

내가 제일 좋아하는 것이 옥수수였다. 옥수수만 있으면 밥이 필요 없는 사람이었다. 좋아하는 옥수수를 대만에서 실컷 먹게 되다니!

나는 그저 "주님, 아버지!"라고 부를 수밖에 없었다.

한 가지 더 기억나는 게 있다.

언어중심에서 중국어 수업을 마치고 혼자 공부를 하고 있는데 그날따라 미친 듯이 한국의 총각김치와 새우젓이 먹고 싶었다. 서러운 마음이 들 정도로 그것들이 그리웠다. 보던 책을 접어버리고 땀을 뻘 뻘 흘리며 집에 돌아오니 대문 앞에 비닐봉지가 매달려 있었다. 열어 보니 정확하게 총각김치와 새우젓이었다.

  무엇으로 설명할 수 있을까? 이번에는 누가 보냈는지 쪽지조차 들어있지 않았다. 하나님 아버지가 내 생각과 내 마음과 내 행동을 다 보고 계신 것이었다. 선교사는 이렇게 세상을 사는 사람이라는 걸 친히 가르쳐 주고 계신 것이었다.

밤마다 귀신을 본대요

한국유학생 중에 정희 자매는 성공대 대학원생인데 참 성실하고 열심히 공부하는 학생이다. 기독교에 관심이 많아 나의 간증과 말씀 선포에 관심을 보였지만, 선뜻 예수님을 영접하지는 않았다. 그 이유는 '귀신' 때문이었다.

"저도 교회에 다니고 싶어요. 그런데 무서운 게 있어요."

정희 자매가 아는 한국 유학생 하나가 밤마다 귀신에게 시달리다 못해 유학을 포기하고 한국에 돌아갔다고 한다. 그런데 그 귀신이 한국에서도 계속 나타나 밤에 잠을 못자고 낮에 잔다고 한다. 문제는 교회에 다니는 학생에게만 이 귀신이 나타나 괴롭힌다는 것이다.

나는 내가 어렸을 때 체험한 귀신이야기를 이 자매에게 들려주었다.

내가 초등학교 3, 4학년 쯤 되었을 때다. 우리 동네에 커다란 굿판이 벌어졌다. 온 동네사람들이 그 집에 모여들었다. 난 굿이 무엇인지 궁금해 담장 위로 고개만 빼꼼 올리고 구경을 했다.

　마당에는 무당이 커다란 작두를 줄지어 세워 놓고 그 위에 올라가 뛰고 있었다. 그런데 갑자기 그 무당이 땅바닥으로 뛰어내렸다.

　"여기 예수쟁이가 왔어. 우리 신령님이 내리질 못해."

　무당은 손에 들고 있던 기다란 막대기를 휘저어가며 모인 사람들 가운데 예수쟁이를 찾는다고 법석을 떨었다. 무당은 담장 위로 고개를 내민 나를 가리켰다.

　"저 꼬맹이 예수쟁이 때문에 우리 신령님이 내림을 못해. 빨리 여기서 쫓아내."

　나는 쫓겨났지만 도리어 신이 났다. 큰소리로 웃으며 집으로 돌아왔다. 맨발로 작두 위에 올라가 춤을 춰도 발에 상처하나 안 나는 큰 무당이 나 같은 꼬맹이가 믿는 예수를 두려워하다니. 정말 우리 예수님이 최고였다.

　중학교 때도 그런 일이 있었다. 나는 학교 근처에서 동생과 자취를 했다. 주인집 할머니는 점쟁이였다. 이분은 원래 교회에 다녔는데 어쩌다가 구렁이를 모시는 점쟁이가 되었다. 할머니는 점을 잘 쳐 엄청난 돈을 벌었다. 그래도 할머니는 예수가 제일 높은 신이라며 자기같이 귀신을 섬기는 점쟁이는 예수님 앞에서는 힘을 쓸 수 없다고 했다. 나는 중학생이었는데도 매일 새벽기도를 다녔다. 공부하다가 졸리면 큰 소리로 찬송가를 불렀다. 찬송가 한 권을 4절까지 거의 다 외울 정도였다. 할머니는 날 예수에게 미쳤다고 하면서도 예뻐해 주셨다. 자기는 죽어서 지옥에 갈 것이고, 나는 천국에 갈 거라면서.

　어느 날이었다. 할머니한테 손님이 왔다. 할머니는 점을 치기 위해

상을 폈다. 나는 궁금했다.
"할머니 구경해도 돼요?"
할머니는 무심결에 "응"하고 대답했다.
할머니는 상에 쌀을 뿌리고 만지작대면서 점을 치기 시작했다. 갑자기 할머니 입에서 남자목소리가 나오고 식은땀을 흘리면서 끙끙 앓기 시작했다. 우리는 모두 놀랬다. 할머니는 손을 내저으며 나를 나가라고 하셨다. 내가 나가자 할머니는 본 모습이 돌아왔다. 점을 마친 후 할머니가 나를 부르셨다.
"예수님이 제일 센 분이라 예수님 믿는 사람 앞에서는 점을 못 친다. 그러니 손님이 올 땐 우리 집에 있지 마라."
역시 우리 하나님이 최고가 아닌가?

내게는 이런 경험이 몇 가지 더 있다. 나는 정희 자매에게 이 이야기를 들려주고 귀신을 압도할 수 있는 전지전능하신 하나님, 꼬마가 믿어도 귀신을 쫓아낼 수 있는 우리 예수님을 영접하자고 권면했다.
정희 자매가 한 가지 제안을 했다.
"제가 중국어를 가르쳐 드릴게요. 대신 사모님은 제게 성경을 가르쳐 주세요."
우리는 창세기부터 공부하기 시작했다.
정희 자매는 한국 유학생들과 썩 좋은 관계를 맺지 못해 괴로워했다. 교회는 나를 따라서 다니기는 하는데 아무리 기도해도 성령체험을 할 수 없다고 낙담을 했다. 나는 자매와 함께 성령님이 이 자매를 만나 주시길 간절히 기도했다.
어느 날 주일 오후예배를 마치고 정희 자매가 흥분해서 달려왔다.
"사모님, 저 주님을 만났어요. 예배를 드리는데 성경말씀이 마치 저를 때리는 것 같아서 예배 내내 울고 회개했어요."

자매는 한국 유학생들을 미워하던 것도 자신의 탓이라며 사람들에게 전화를 해서 미안하다고 사과를 했다.
"이렇게 시원할 수가 없어요. 날아갈 것 같아요."

자매가 변화하자 그녀의 남자 친구도 함께 교회에 나왔다. 정희 자매의 남자 친구는 대만 청년이었는데 둘은 결혼을 약속한 사이였다. 그 친구는 농구를 하다가 무릎이 깨져서 의사가 불구가 된다는 말을 듣고 절망 하였다. 그 형제는 기도해 달라고 찾아왔다. 남편과 함께 기도한 후 신기하게 나아버렸다. 그 청년의 부모님은 교회에 다니는 분들이었다. 아들이 변화된 것을 계기로 우리 부부와 친구가 되었다. 그 청년은 지금 대만에서 제일 큰 전자회사를 다니고 있다.

정희 자매의 남자 친구가 대학원을 졸업하고 군대에 가게 되었다. 원래 먼 곳으로 부대배치를 받았는데 집에서 가까운 곳으로 재배치 받게 해달라고 열심히 기도했더니 기적 같이 타이난 지역으로 재배치를 받게 되었다.
문제는 이 형제가 새로 배치 받은 군대에 밤마다 귀신이 나타나 부대원들이 다른 막사나 밖에서 잠을 잔다는 것이다. 형제는 막사에서 혼자 잠을 자야했다. 외출을 나온 형제는 남편을 찾아와 기도를 받고 성경을 얻어서 부대로 돌아갔다. 군대 가기 전에는 그렇게도 성경공부를 미루던 청년이었는데 그 때부터 성경을 열심히 읽게 되었다. 그는 성경을 가슴에 놓고 자는데 한번도 귀신이 나타난 적이 없고 아주 잘 잤다고 한다. 귀신 덕분에 그는 군대에 가서 성경공부를 집중적으로 하게 되었다. 주님의 은혜였다.
두 사람은 하나님의 축복 속에 결혼해서 아름다운 가정을 꾸리고 있다.

김치사역의 성공과 실패

내 친정어머니는 정이 많으신 분이다. 우리 집은 삼거리 길가에 있었는데 어머니는 항상 밥을 넉넉하게 지어 놓으시고 지나가는 사람들을 불러 식사 대접을 하셨다.

어머니의 묵묵한 성격과 넉넉함, 그리고 손님 대접을 하는 모습을 보고 자란 나 역시 나눠주기를 좋아했다. 더구나 중학교 때부터 자취생활을 해서 독립심도 있고, 요리도 잘했다. 어디가서도 주눅이 드는 법이 없었다. 대만에서 선교사로 있다고 해서 달라질 것이 없었.

대만 사람들과 어떻게 친해질 수 있을까, 연구하다가 초등학교 때부터 담가온 내 김치솜씨를 이용하기로 했다. 우리 어머니는 전라도와 경상도의 맛이 합쳐진 진짜 맛있는 김치 담그는 법을 내게 가르쳐 주셨다. 남편은 내가 담근 김치가 "세상에서 처음 먹어보는 최고로 맛있는 김치"라고 했다.

나는 우선 새벽시장에 나가 배추를 싸게 샀다. 작은 봉지 3~40개를 준비해서 담근 김치를 조금씩 나눠 넣고 겉에는 성경말씀을 한 구절 적어 넣었다.

김치선교가 시작되었다. 주위 사람들에게 김치를 선물로 주었다. 겨울이 되어 배추가 맛있고 값이 싸면 더 많이 담가 선물했다.

대만 사람들은 의외로 김치를 좋아했다. 한 번 먹어 본 사람들은 염치불구하고 김치를 얻으러 우리를 다시 찾아왔다. 우리는 자연스럽게 친구가 되고 그들을 교회로 인도할 수 있었다.

어떤 분은 같이 김치장사를 하자고 나를 밀어붙이는 사람도 있었다.

김치사역이 인기가 높아가자 아이들이 다니는 유치원에서 학부형을 상대로 김치 담그는 법을 가르치기로 했다. 나는 우리나라의 대표 음식인 김치를 홍보한다는 생각에 나의 비법을 하나도 숨김없이 다 가르쳐 주었다.

그런데 예상치 못한 큰일이 생겼다. 내 김치비법을 알아낸 학부형 하나가 그대로 김치를 담가 타이난 시장에서 비싼 값으로 팔기 시작했다. 한국 식당에서도 항의를 해왔다. 부주방장에게조차 김치 담그는 법을 비밀로 하고 있는데 내가 이런 식으로 비법을 마구 가르쳐 주면 장사에 지장이 많다고 했다.

나는 외국에 나와 힘들게 사시는 우리 한국인들 편에 서기로 했다. 더 이상 김치 공개강좌는 하지 않았다.

중국인들은 자기들의 비법전수에 아주 인색하다. 내 대만 친구 하나는 시어머니에게서 만두 만드는 법을 배우기 위해 6개월을 무보수로 일했는데도 겨우 만두피 만드는 방법 밖에는 배우지 못했다고 투

덜댔다. 중국인들의 돈과 이익을 향한 무서운 단면 중 하나였다.
 이 사건을 통해 나의 선의가 악용될 수도 있다는 것을 알았다. 예수님께서 제자들을 보내실 때 왜 뱀같이 지혜로우라고 하셨는지도 깨달았다.

한자를 통한 하나님의 역사

량뻬젼 라오스!

성공대 언어중심에서 내게 배정해 준 선생님은 성공대 중문과를 수석으로 졸업하신 량뻬젼 선생님이었다. 아주 왜소하신 분이었다. 체중을 60kg 이상 감량하면서 얻은 거식증과 복잡하고 어려운 가정 형편으로 우울증까지 있었다. 선생님은 나와의 만남을 통해 자신의 정신적인 문제를 치유 받고 싶어 했다.

처음엔 수업을 하는 건지 아니면 나한테 자기 하소연을 하는 것인지 알 수 없을 정도였다. 난 선생님께 수업 중에는 공부만 하고 수업이 끝난 후에 얼마든지 들어 드리겠다고 말했다. 나의 목적은 중국어를 배우는 것도 있지만 전도가 더 중요했다.

량 선생님의 실력은 최고였다. 정확한 발음과 철저한 학습준비는 교사경력이 있는 나를 만족하게 했다. 선생님은 가르치는 면이 까다

롭고 시험도 자주 봐 정말 공부하고 싶은 학생이 아니면 함께하기 어려운 선생으로 소문나 있었다. 나 역시 질문이 많고 예습, 복습을 철저하게 하는 학생이라 선생님들에게 상당한 부담을 주었다.

중급으로 들어가서는 속도가 빨라 나보다 앞선 유학생들을 따라잡을 수 있었다. 그러나 자꾸만 한자를 잊어버렸다. 서른 중반에 외국어를 배우려니 성령님의 인도하심이 없이는 불가능한 일이었다. 나는 매일 "주님, 중국어를 주시옵소서." 외쳐대며 손바닥이고 어디고 쓸 수 있는 곳이면 모두 한자를 쓰고 외우면서 다녔다.

문득 한자의 어원을 알면 이 복잡한 한자를 이해하고 암기하는 데 도움이 되지 않을까 하는 생각이 들었다. 나는 량 선생님께 중국어의 옛 글자인 고문(古文)을 가르쳐 달라고 했다. 한번도 고문을 가르쳐 본적이 없고, 외국인을 위한 교재가 없고, 한번도 고문을 가르쳐 본적이 없고, 량 선생님은 무척 당황해했다. 선생님은 석 달 동안 여덟 권의 고서를 뒤져가며 순전히 나 하나를 위한 고문 교재를 만들어 오셨다.

육서(六書)와 부수(部首)를 시작으로 기나긴 고문으로의 여행이 시작되었다. 이것은 곧 주님께서 량 선생님을 생명의 길로 인도하기 위한 낚시 밥이기도 했다.

량 선생님은 내게 '하나' 일(一)부터 써보라고 했다. 난 자신 있게 좌악 옆으로 한 일자를 그었다.

"틀렸어요."

선생님은 내가 쓴 일자에 가위표를 그렸다.

'일'자는 그렇게 직선으로 써서는 안되는 글자에요. 이렇게 물결이 흐르는 것처럼 써야합니다. '이'자는 하나 일이 나란히 두 개가 되게 써야하고, '삼'자는 가장 위의 것은 씨앗처럼 점을 찍고 나머지 두 개는 선으로 그어야 합니다."

선생님 설명을 듣는 순간 내 머릿속에는 창세기의 장면이 연상되었다.

하나 일(一)자가 물결이 흐르는 것 같다는 것은 "하나님의 신은 수면에 운행하시니라"(창세기1:2)는 말씀이 떠올랐다.

두 이(二)자가 하나 '일'이 나란히 위에 더 그어진다는 것은 물을 위의 물과 아래 물로 나누신 둘째 날이다. 물을 아래의 물과 위의 물로 나뉘시고 궁창을 하늘이라 이름 하였다(창세기1:7). 노아의 홍수 때 하늘 위의 물이 땅에 쏟아졌다.

석 삼(三)의 씨앗처럼 점을 찍는 다는 것은 셋째 날 각종 "씨가진 열매"를 만드시는 하나님의 창조의 장면이 눈에 보이는 듯 했다(창세기1:11).

넷째(四) 날은 큰 광명으로 낮을 주관하게 하고 작은 광명으로 밤을 주관하게 하셨다(창세기1:15). 구약의 사람들은 세상이 평평한 사각형 땅으로 생각했고 하나님이 두 큰 광명을 만들어서 아침 해가 동쪽에서 뜨고 저녁달이 서쪽에서 뜬다고 하였다.

다섯(五)째 날에는 새들을 창조하셨고, 바다에는 생물을 창조하셨다.

여섯째 날(六)은 땅에 있는 동물과 곤충을 창조했고 가운데 금을 그어서 짐승들과 구별하시고, 흙으로 사람을 만드시고 그 코에 생기를 넣어 생령이 되게 하셨다. 또 남자와 여자를 만드셨다. 그리고 칠일(七)째는 안식하셨는데, 칠자는 의자에 앉아서 쉬는 모습이다. 노아의 후손 중 셈족이 동방으로 갔는데 이들이 창세의 날들을 갑골문자로 기록하여서 후손들에게 전하였다고 하였다. 나는 흥분해서 량 선생님께 이것을 설명했다. 선생님은 그런 이야기는 처음 들어본다면서 그냥 넘기려고 했다.
  배를 뜻하는 선(船)자가 나왔다. 배를 뜻하는 한자 주(舟)에 여덟을 뜻하는 팔(八), 그리고 입을 뜻하는 구(口)가 합친 말이었다. 하나님이 만드신 배가 노아의 식구 여덟 명을 위한 것이라고 선생님에게 설명했다. 세계의 구전문화나 언어 가운데에서도 하나님의 창조의 역사가 드러난다는 것을 간절한 마음으로 전했다. 수업 중이었지만, 우리는 하나님께 기도했다. 량 선생님은 고문을 가르치다가 성경의 진실을 영접하게 되었다.

  가난과 외로움 가운데 오로지 혼자 하는 공부밖에 몰랐던 량 선생님은 우리가 인도하는 성경공부모임에 참석하면서 '다른 사람들과 교제'를 시작했다. 량 선생님의 놀라운 변화에 언어중심은 술렁댔다. 다른 몇 분의 선생님들이 우리와 함께 공부하고 싶어 했다. 전도를 위해 나는 량 선생님 이외의 다른 선생님으로 바꿔야했다. 량 선생님은 나와 계속 같이 있고 싶어 했다.

  나와 남편은 량 선생님을 복음에 헌신하는 선교사들에게 중국어 선생님이 될 수 있도록 훈련시키기로 했다. 중국어 선생님은 많지만, 선교사들을 위한 중국어 성경언어와 교회용어를 가르칠 만한 사람은 없는 상황이었다.
  량 선생님은 유럽에서 온 선교사들에게 중국어를 가르치는 일에 헌신하게 되었고, 교회에서는 소그룹을 인도하는 성경공부 인도자가 되었다.

현지 동역자들을 얻다

이제 서툴지만 중국어로 말할 수 있게 되자 선교사역에 대한 구체적인 방법을 위해 기도하게 되었다. 일단 내가 잘 할 수 있는 것이 무엇인지 생각해 보았다. 우선 떠오른 것이 찬양선교였다.

나는 대학교 때 주일학교 유치부교사 여섯 명을 모아 실로암이라는 찬양중창단을 만든 경험이 있다. 여섯 명의 자매들은 기타와 크로마하프, 만돌린을 들고 병원을 찾아다니며 찬양과 전도를 했다.

잊혀지지 않는 일이 있다. 병원에서 만난 어떤 젊은 청년에게 찬양을 들려주고 전도를 했는데 그는 세상에 태어나서 찬송가와 예수님의 이름을 처음 들어본다고 했다. 우리의 찬양이 마치 천사들이 노래하는 것 같다고 돈을 건네주던 그 청년. 우리는 한국에서도 복음을 접해본 적이 없는 사람이 있다는 걸 알고 더욱 분발해서 찬양전도에 나섰었다.

대만에서도 찬양전도는 내가 할 수 있을 것 같았다. 두루 수소문을 해본 결과 타이난에 있는 기독병원에 원목도 있고, 중창단도 있다는 소식을 들었다. 즉시 찾아가 중창단에 가입을 했다. 첫날 연습을 위해 모였는데 나는 깜짝 놀랐다. 멤버들이 모두 칠, 팔십이 넘으신 할머니들이었다. 문제는 하이소프라노에 속하는 내 목소리였다. 다른 분들과 화음을 맞추기가 어려웠다. 그래도 염치불구하고 나는 중창단에 눌러앉기로 했다.

또 한 가지 문제가 있었다. 이 할머니들은 대만어를 사용하시는 분들이었다. 사성조인 중국어도 겨우 말하는 처지에 팔성조를 가진 대만어까지 배운다는 것은 무리였다. 그러나 나에게는 어떤 언어도 표기할 수 있는 한글의 힘이 있었다. 목사님과 할머니들의 도움을 받아 한글로 토를 단 대만어로 열심히 찬양을 했다.

크리스마스가 다가오자 병원에서는 큰 행사를 준비했다. 프로그램 중에는 내가 독창을 하며 간증하는 순서도 있었다. 성악 전공이 아니라 독창에 대한 엄청난 스트레스가 밀려왔다. 하지만 나만의 구호인 "은혜로!"를 외치며 한국 복음성가를 대만어로 번역해서 몇 곡을 불렀다. 반응이 폭발적으로 좋았다.

이 병원선교를 통해 나는 메이미아오 자매와 천 전도사님을 동역자로 얻게 되었다. 이분들은 우리가 대만사역을 하는 데 팀사역자로서 큰 도움을 주었다. 대만에 이렇게 훌륭한 크리스천이 있다는 것이 정말 자랑스러웠다.

메이미아오 자매는 신학교에서 음악을 전공하고 대만교회 목사님의 며느리가 된 전업주부였다. 7대에 걸친 오랜 기독교 가풍을 가지고 있는 메이미아오 자매는 내가 대만어로 찬양을 할 수 있도록 한국의 복음성가들을 대만어로 번역해 주었다. 그녀는 중보기도가 필요

할 때 같이 금식하면서 기도해 주었고, 대만교회의 문제점을 애통해 했다.

천 전도사님 역시 의롭고 경건하며 온유와 겸손을 갖추신 분이었다. 남편에게는 누나같이, 나에게는 언니같이 도와주셨다. 그분은 국경을 초월한 하나님 백성으로서의 '동족'을 강조하는 열정과 사랑이 충만한 최고의 크리스천이었다.

선교사가 필요로 하는 현지어는 기독교적 언어다. 언어중심에서 가르치는 것은 일반 언어라 기독교를 전할 때 딱 맞는 단어를 배우기가 어렵다. 메이미아오 자매와 천 전도사님 같은 분들의 도움이 있어야 심방이나 기도할 때 쓰는 중국어를 배울 수가 있다.

선교는 선교사 혼자 할 수 있는 것이 아니다. 외국 선교사는 현지인과 함께 팀사역을 해야 한다. 선교사가 아무리 노력해도 언어가 완벽할 수는 없다. 그러므로 현지인과의 공동사역이 중요하고, 이 분들로 하여금 일하도록 하게 하는 것이 중요하다.

우리 부부를 이방 땅으로 부르신 하늘 아버지는 부족한 우리에게 당신께서 예비하신 훌륭한 현지인 동역자들을 붙여 주셨다. 크나큰 축복이었다.

대만어 찬양선교

우리가 낯선 대만 땅, 그 중에서도 타이난이란 곳에 오게 된 것은 선배 선교사의 소개가 있었기 때문이었다. 타이베이나 다른 큰 도시에는 한국 선교사들이 많이 계시지만 당시 타이난에는 우리 이외엔 한국 선교사가 없었다. 우리는 미국 선교사 한 가정과 일본 선교사 한 분과 함께 초교파이면서 대만 기독교계에 크나큰 영향력을 가진 현지 에덴교회와 동역을 했다.

에덴교회의 장찐지 목사님은 대만 민족주의와 대만의 독립을 주장하는 분으로 중국어 사용을 극구 반대하며 중국에 대한 반감을 많이 가지신 분이었다. 성도들이 중국어를 쓰면, "우린 대만 사람이지 중국 사람이 아닙니다."라고 화를 내셨다.

대만에는 장개석 시대에 같이 대만으로 건너온 와이성런(外省人)이라는 대륙계통의 민족과 많은 소수 원주민, 그리고 한족을 자처하는 민족들이 살고 있다. 이들은 모두 자기의 민족어를 가지고 있었다. 그러나 장개석 총통이 대만 정권을 장악하면서 베이징어를 사용하지 않으면 처벌을 받는 제도를 만들었다. 일본통치 시대에도 사정은 마찬가지였다. 장개석 시대에 많은 대만 사람들이 토지와 재산을 빼앗기고 목숨을 잃었다. 대만의 토착민은 산으로 도피하거나 아니면 장개석 정권에 적대감을 가지고 살아갔다.

우리가 사는 타이난은 장개석 정권에 반대하는 토착민이 많이 살고 있는 도시다. 학교나 관공서를 제외하고는 자기 민족어인 대만어를 주로 사용했다. 그러나 젊은 세대들은 대만어를 잘 모르고 기성세대는 대만어를 사용해 언어로 인한 갈등이 많았다. 선교사인 우리는 표준어인 중국어를 배우고 왔는데, 막상 전도하다 보니 대만어가 필요했다. 중국어도 힘이 드는데 문자도 없는 대만어를 다시 습득하기는 어려웠다.

내가 병원에서 찬양사역을 하고 있는 것을 알게 된 대만교회 목사님이 나에게 예배 전에 특송을 해달라는 요청을 해오셨다. 그것도 독창으로.
"찬양의 은사가 있는 사람이 당연히 찬양을 감당해야지요."
거의 명령에 가까웠다.
문제는 대만어였다. 겨우 말귀를 알아들을까 말까한 나의 대만어 실력으로 어떻게 독창을 한단 말인가? 찬양이 성도들의 마음을 모아서 주님께 올려드리는 것인데, 부정확한 대만어로 부른다면 은혜가 되지 않을 게 뻔했다. 다시 메이미아오 자매의 힘을 빌렸다. 내가 한국의 복음성가를 중국어로 번역하면, 그 자매가 대만어를 로마자로 표기해 주었다.

내 찬양을 듣고 가장 많은 은혜를 받으시는 분은 대만교회 목사님이셨다. 일본 선교사도 10년 넘게 이곳 교회에서 사역을 하지만 아직도 일본어로 찬양을 하는데, 나는 대만어로 한다고 매번 눈물을 글썽이며 기립박수를 쳐주셨다. 심지어 국제연합예배나 중요한 집회에까지 나를 데리고 다니셨다.

성악을 정식으로 전공한 사람도 아니고 발음도 음정도 완벽하지 못한 내가 선교를 위해 대만어를 열심히 익혀 찬양하는 그 노력을 현지 성도들이 받아준 것이었다. 주님께서도 기뻐하셨을 것이다.

내 말을 그 입에 두리니

　우리 아이들을 무료로 자신의 유치원에 다니게 해주신 원장님은 칠십이 다 된 분이셨다. 과거에 많은 유치원을 세우기도 했고, 출판사를 운영하며 유치원 교구를 직접 제작해서 판매까지 했던 분이었다. 남편은 목사님이었는데 심한 병으로 누워 계셨다. 한국어 찬양을 좋아해서 내가 찬양을 불러드리면 고통을 잊고 곤히 주무셨다. 나는 거의 매일 심방을 갔다.

　중국어를 배운 지 얼마 안 되었을 때였다. 어느 날 원장님이 가오슝 여전도회가 주최하는 펑후 섬 지역 연합부흥회 강사로 나를 추천했다. 나는 너무 놀라 펄쩍 뛰었다. 내 중국어 실력으로 어떻게 설교를 한단 말인가. 거룩한 예배를 망칠 수는 없었다.
　"걱정 마세요. 사모님 중국어는 내가 대만어로 통역할께요."
　원장님은 이미 결정이 난 일이니 무조건 가야한다고 했다. 어리고 어설픈 한국 사모를 데리고 차이사모님은 비행기를 탔다.

　평후는 대만 최초로 기독교 선교사가 들어온 유서 깊은 지역이었다. 비록 작은 섬이지만 과거에는 많은 교회들이 있었다. 이제는 성도들도 줄어들고 목회자가 없는 텅 빈 교회가 늘어나고 있었다.
　예배가 시작되었다.
　'주님, 도와주세요!'
　난 그저 주님만 간절하게 불렀다.

　차이 사모님은 성도들에게 먼저 내 찬양을 듣고 시작하자고 했다. 나는 대만어로 "세상에서 방황할 때"를 불렀다. 순식간에 분위기가 숙연해졌다. 몇몇 성도들은 눈물을 흘렸다. 강단에 선 나는 더듬더듬 중국어로 내가 왜 선교사가 되었는지 나와 함께 하신 주님을 증거 했다.

　"제가 고등학생 때 일입니다. 저의 장래 비전을 위해 산속 기도원에 갔습니다. 거기서 삼일을 금식하며 주님께 간구하던 중 주님의 말씀이 거미줄같이 저를 친친 감으며 주의 일을 하라고 하셨습니다. 또 제가 태평양을 발로 걸어서 건너가는데 바닷물이 검은 색이었습니다. 들여다보니 그 안에는 사람들이 가득했습니다. 제가 발을 내디딜 때마다 사람들이 물위로 떠오르는 것이 환상으로 보였습니다."

　내 입술이 내 것이 아닌 것을 느꼈다. 중국어를 6개월 배운 사람의 중국어 실력이 아니었다.
　차이 사모님이 성도들에게 "통역 필요 없지요? 다 알아들으시지요?" 하셨다.

"여호와의 영이 나를 통하여 말씀하심이여 그의 말씀이 내 혀에 있도다."(사무엘하 23:2) 놀라운 성령님의 역사하심이었다.

예배를 마치고 서 있는데 한 성도가 내게 다가왔다.
"사모님, 저는 남편 직장을 따라 평후에 살고 있는 집사입니다. 사모님이 말씀 전하실 때 뒤에 계시는 예수님을 보았습니다. 주님이 제게 이 물질을 헌금하라고 하십니다."
마침 우리는 컴퓨터를 사기 위해 기도하고 있던 중이었다. 그 돈은 컴퓨터를 살 수 있는 액수였다.
여호와 닛시! 여호와 이레!

나는 그 다음 해에도 초청을 받았다. 일 년 사이에 더 많은 평후의 교회들이 문을 닫았다. 목사 한 분이 두세 군데의 교회를 순회하며 사역을 해야 할 정도였다. 성도들에게 위로가 필요했다. 나는 크로마하프를 연주하며 찬양을 인도했다. 평후의 교인들은 찬양 가운데 눈물을 흘렸다. 성령의 감동하심의 역사가 일어났다. 성도들이 주를 위해 헌신하겠다는 결단을 하기 시작했다.

어느 피아노강사는 학생들에게 복음성가를 가르치고 학부형들에게 전도를 하겠다고 했다. 성질이 사납다는 어느 부인은 자기 때문에 가족들이 예수님을 영접하지 않았다고 회개했다. 교회부설 유치원을 경영하는 한 목사 사모님은 학생들과 교사들과 함께 예배를 갖기로 결단했다.

집회를 마치고 타이난으로 돌아오는 비행기에서 내려다보이는 대만 땅에는 우상을 섬기는 붉은 불빛이 가득했다. 한국의 십자가보다 훨씬 더 많은 신당의 불빛들이었다. 나는 간절히 기도했다.
"주님, 당신과 당신 백성을 위해 제 입술을 사용해주세요."

와니타 선교사

무척이나 덥던 여름 어느 날이었다. 미국 선교사 부부가 뚱뚱한 중년의 미국 아주머니와 함께 우리 집에 오셨다.

"앞으로 대만에서 사역을 하실 와니타 선교사입니다. 많이 도와주세요."

와니타 선교사는 남편과 이혼을 하고 아들이 군대에 입대한 후 평생 소원이던 선교사역을 하기 위해 대만으로 왔다고 한다. 53세였다.

와니타 선교사는 우리 위층에 숙소를 정했다. 당시 우리는 신학교 기숙사 3층에 살고 있었다.

몸무게가 100킬로그램이 훨씬 넘는 와니타 선교사는 더운 대만날씨에 4층까지 오르내리느라 끙끙대며 고생을 했다. 내가 보기에 선교사님은 우선 살부터 빼야 할 것 같았다.

아침마다 생과일과 야채를 갈아서 주스를 만들어 드렸다. 저녁식사는 우리와 함께 먹자고 했다. 우리 집은 이미 신학생들에게 개방되어 있는 공간이었기 때문에 와니타 선교사를 위해 수저 한 벌만 더 놓으면 되었다.

그런데 영어가 문제였다.

'주님, 중국어도 못하는데 이제 영어까지 하라고 하십니까?'

불평은 하면서도 와니타 선교사와 대화하기 위해 나는 영어사전을 손에 들고 다녔다. 그런데 이상하게 와니타 선교사의 영어는 잘 알아들을 수 있었다. 내 영어 실력을 잘 아는 남편이 믿을 수 없다는 듯 물었다.

"당신, 지금 와니타 선교사가 하는 말 이해하고 대답하는 거예요?"

"그럼요. 알아들어요."

"허허, 당신, 통역해도 되겠네요."

남편은 웃었다.

와니타 선교사 역시 우리와 같은 자비량 선교사였기 때문에 현지에서의 수입이 필요했다. 선교사님은 사립학교에서 애들을 가르치고 또 개인 영어 강습도 시작했다. 대만의 상류층 사람들이 몰려왔다. 너무 많은 사람들이 뇌물공세까지 하면서 자녀들의 영어지도를 요청해 왔다. 친구를 하자며 달라붙는 사람들도 많았다. 와니타 선교사에게는 그 요청을 거절하는 것이 또 다른 고통이 되었다.

어느 날, 선교사님이 시무룩한 표정으로 내게 말했다.

"사람들이 성경말씀에는 관심이 없고 내게 영어만 가르쳐 달라고 하네요. 친구하자는 것도 영어를 배울 목적 밖에는 없는 것 같아요."

선교에 대한 소망으로 늦은 나이에 머나먼 대만 땅에 왔는데 그냥 영어선생님이 되고 만 것이다. 본인은 '니하오' 하고 말을 걸어도 상대방인 대만인들은 '헬로우'로 받았다. 그리고 자신의 영어실력 향상을 위해 영어로 대화를 이어갔다. 오죽하면 언어중심에서 4년 동안 중국어를 배우던 영국인 선교사가 늘지 않는 중국어에 좌절하고 귀국하는 일까지 벌어졌을까.

와니타 선교사는 나를 부러워했다.

"사모님 주변에는 어떤 목적 없이 순수한 사랑과 우정으로 사람들이 모이는 것 같네요."

와니타 선교사는 나와 사역을 같이 하고 싶다고 했다.

와니타 선교사는 어디를 가나 통역이 필요했다.

"사모님, 저 채소는 영어로 뭐라고 하나요?"

"사모님, 제가 영어로 말씀을 전할 때 중국어로 통역해 주세요."

"사모님, 내일 전도할 사람 만나러 가는데 같이 가서 통역 좀 해주세요."

하루 종일 미국인 선교사와 같이 다니다 보니 나의 귀가 영어를 받아들이기 시작했고, 입도 조금씩 열려 갔다. 어떤 분은 나의 보잘 것 없는 영어실력을 알고 나서 "나도 그 정도의 영어는 하는데 어떻게 통역까지 다 하세요?"하고 신기해했다. 나의 대답은 이렇다.

"언어를 주장하시는 분이 주님이거든요. 여호와의 영이 잠시 제 혀에 임한 것이지요."

선교사를 하다보면 언어에 대한 기도제목이 참 많이 차지하게 된다. 언어의 성패가 그만큼 사역에 큰 영향을 끼친다. 대만 사람들은 선교사라면 당연히 영어를 잘해야 한다고 생각하는 모양이었다. 영어는커녕 중국어도 잘못하는 나는 선교사로서 자격이 한없이 부족한 사람이다. 내가 받은 무시와 고초는 말할 수 없다. 어떤 성도들은 나에게 이렇게 말했다.

"뭐 하러 이곳까지 와서 고생입니까? 우리 공장에 와서 일이나 하실래요?"

와니타 선교사는 우리와 함께 지내면서 돈이 없어도 살아가는 선교사 가정을 체험했다. 하나님께서 친히 공급하시는 만나와 메추라기를 먹으며 구름기둥, 불기둥으로 인도하시는 그 길을 따라가는 우리의 모습에 많은 깨달음이 생긴 듯 했다.

어느 날, 선교사님이 나에게 물었다.

"왜 이렇게 나를 사랑해 주고 섬겨 주나요?"

나는 솔직하게 말했다.

"선교사님이 주님을 사랑하는 마음이 너무 사랑스럽습니다. 그리고 그 마음을 존경합니다."

와니타 선교사는 차츰 영어강습을 정리해갔다.

영어강사가 아닌 선교사의 삶을 살기 시작했다.

색종이접기로 복음을 전하다

대만의 초등학교는 아침 일곱 시 반에 등교하고 오후 네 시 반이면 하교한다. 우리 두 아이들이 학교에 들어가자 나에게 시간이 많아졌다.

생활비도 없는 처지에 더 이상 중국어학원을 다닐 수가 없었다. 돈이 들지 않고 중국어를 공부할 수 있는 방법을 찾아봤다. 수소문해 본 결과 성공대 대학원에서 무료로 청강이 가능했다. 한 학기는 상담학강의를, 그 다음엔 교대 대학원에서 미술을 들었다. 그러나 공부라는 것은 스스로 하는 것이 가장 효과가 높았다.

기독교서점에 가서 중국어 기도문과 Q.T책을 샀다. 대만 자매에게 부탁해서 발음기호를 달았다. 자연스런 발음이 나오도록 읽고 또 읽었다. 하루에 4시간만 자면서 중국어를 독학했다.

그러나 이렇게 열심히 중국어를 공부해도 내가 여기서 할 수 있는 것이 별로 없다는 무력감에 빠지고는 했다. 자신을 무능하게 여기는 것은 하나님이 기뻐하시는 자녀의 모습이 아니다.

"난 할 수 있어, 난 하나님의 딸이야!"

나는 기도하면서 성령의 인도하심을 기다렸다.

한국에 있을 때, 임용 초부터 나는 연구수업을 했었다. 2년 동안 백여 점의 창작교구를 제작해서 발표했다. 조금은 특별한 응용력과 창의력, 손으로 하는 것이면 무엇이든 쉽게 만들어 내는 은사가 내게 있었다. 대만에서도 하나님의 말씀을 가장 적은 비용으로, 가장 간단하면서도 효과적으로 전할 수 있는 교육 자료를 만들어 낼 수 있을 것 같았다.

마침 대만정부는 창조적인 사고를 중요시하는 교육을 강조하고 있었다. 하지만 아직 좋은 프로그램이 개발되지 않은 상황이었다.

'그렇다면 성경말씀과 창의적인 미술활동을 연결시키면 어떨까?'

나는 두 가지로 방향을 설정했다. 열 명 전후의 소그룹인 유치원은 생활 속에서 얻을 수 있는 재활용품을 이용하기로 하고, 삼사십명 대그룹으로 지도해야 하는 초등학교는 색종이 접기를 하기로 했다.

아이디어를 구체화시키기 위해 나는 타이난의 문방구들을 샅샅이 탐색했다.

나를 인정해주고 지지해주는 우리 남편은 신학교 일로 정신없이 바쁜 와중에도 내가 연구하고 일할 수 있도록 부엌에 커다란 테이블을 놓아주었다.

"당신은 은사가 있는 사람이니 주를 위해 갑절로 그 은사를 활용할 수 있도록 해요."

남편은 아이들의 식사도 도시락으로 때우도록 했다.

6개월 동안 구약성경을 중심으로 한 미술교육 프로그램을 짰다. 색종이 접기 순서도와 만든 완성품을 가지고 다양한 창작활동을 하는 것이었다. 모든 작품은 최고의 재료를 사용해 최대한 아름다운 샘플을 만들었다. 그러다보니 생활비 전부가 다 들어가 버리고 말았다.

"굶으면 굶으리라!"

구약성경 말씀으로 구성된 66개의 창작미술 활동이 완성되었다.

먼저 우리 아이들이 다녔던 유치원과 초등학교를 찾아갔다. 그들의 반응은 열렬했다. 이렇게 좋은 미술활동을 무료로 해주어도 괜찮겠냐면서 오히려 미안해했다.

내 조건은 단 한 가지, 성경말씀을 전하는 것이었다. 불교를 믿는 선생님들과 학부형들도 나의 미술활동을 환영해 주었다. 감사의 표시를 하는 학부형들도 있었다. 이 미술활동을 통해 학부형들과 교사들에게 전도를 할 수 있는 통로를 마련하게 되었다.

모든 재료는 내가 준비해서 아이들이 부담을 갖지 않도록 했다. 성경이야기는 융판을 이용해 동화로 들려주고, 학생들이 만든 작품은 작품집으로 꾸며 집으로 가져가게 했다. 성경이야기를 듣고 교회에 출석하게 된 학생들과 성경구절을 외운 학생들에게는 상품을 주었다. 성경은 영어와 한국어를 곁들여 가르쳤다.

내 강의는 인기를 끌었다. 이웃 학급, 이웃 학교, 심지어 문화센터까지 내 강좌가 개설되었다.

타이난에는 무지개 어머니회라는 기독교인을 중심으로 한 단체가 있었다. 학교 봉사활동을 통해 복음을 전하기 위한 모임이었다. 나는 이곳에도 강사로 초빙되어 어머니들에게 종이접기와 성경말씀 전하는 방법을 가르쳤다. 하트모양 색종이 접기를 하면서 예수님의 사랑을 들려주고, 까마귀를 접으면서 하나님이 자기 백성을 먹이시고 돌보시는 기적과 엘리야 이야기를 전하게 했다.

담임 재량시간에 기독교 수업이 가능했던 것은 대만의 다신론적 영향 때문이다. 그러나 이 다신론 때문에 하나님은 오직 한 분이라는 유일신 사상을 학생들에게 심어주는 것이 너무나도 어려웠다.

간혹 복음을 영접하고 자기 집에 있는 우상들에게 절하는 것을 거부하다가 혼나고 오는 학생들이 생겨났다. 담임선생님을 통해 "기독교 얘기는 빼달라."는 요구를 해오는 학부형도 있었다. 하지만 나는 성경이야기를 빼면 하지 않겠다고 버텼다. 우리나라만큼이나 교육열이 뜨거운 대만 학부형들은 따라올 수밖에 없었다.

가끔 와니타 선교사가 동참했다. 영어를 배우기 위해 돈과 시간을 아낌없이 투자하는 대만 학부형들은 미국인이 직접 영어로 성경을 들려주고 영어성경구절을 암송하게 하니 더욱 더 우리 활동을 좋아하게 되었다.

와니타 선교사는 저혈압으로 고생하면서도 아이들 앞에서는 큰 소리로 신나서 가르치는 나를 보며 놀라워했다.

"사모님을 보면 정말 성령의 역사하심이 느껴져요. 다 죽을 것 같이 아픈 몸에도 강단에 서면 완전히 건강한 사람이 되네요."

맞는 말이었다. 성령께서 예수님을 위해 일하고 싶은 나의 소원을 들어주시고, 능력 있게 포장하여 복음을 뿌리는 농부로 나를 들어 쓰신 것이다.

초등학교에서의 활동은 주님의 역사하심이 아니고는 불가능한 일이었다. 대만의 공립학교에서, 중국어가 서툰 한국 아줌마가 성경말씀을 전하고, 기도를 하고, 예수님을 영접하게 하는 일이 어느 누구의 반대도 없이 은혜롭게 이루어진 것은 기적이었다.

우리 신은 우리 집에 있어요

"친구들, 오늘은 2000년 9월 13일이지요? 그럼 이 날짜는 어떻게 생긴 걸까요?"

대만의 초등학생들은 그저 까만 눈망울을 반짝이며 나를 쳐다보고만 있다.

"오늘은 우주를 창조하시고, 별을 통해 자신이 이 세상에 오심을 알리신 신 이야기를 들려줄게요. 2천 년 전에 실제로 있었던 일이에요. 여러분, 혹시 세계적인 위인 가운데 태어날 때 하늘의 별이 움직인 사람이 있나요?"

"없어요."

나는 융판 위에 별을 붙였다.

"여기, 마을의 하늘에 떠 있는 것이 무엇이지요?"

"별이요."

"맞아요. 크고 아주 신기한 별이 있어요. 요즘도 별을 연구하는 박사님이 있듯이 2천 년 전에도 별을 연구하는 지혜로운 박사들이 있었어요."

나는 동방박사가 아기로 태어나신 예수님을 만나 경배한 이야기와 바로 그 예수님의 탄생을 기념하기 위해 새로운 년도가 시작되었다는 이야기를 들려주었다.

"오늘은 아기 예수 색종이 접기를 할 거에요. 오늘 이야기를 잘 듣고 질문에 답하는 친구와 성경말씀을 잘 외운 학생은 아주 멋진 선물이 기다리고 있어요."

나는 우리가 믿음으로 예수님을 영접하면 예수님은 우리를 만나주신다는 말로 수업을 마쳤다.

그 때였다. 한 학생이 외쳤다.

"다솜이 엄마, 저는 매일 신을 보는데요. 우리 신은 우리 집에서 같이 살아요."

나는 성령의 인도하심을 기도하며 말을 했다.

"오늘 집에 가서 신상을 한 번 부숴 보세요. 여러분의 힘으로도 부술 수 있는 허약한 신이라면 과연 우리가 어려움과 고통 속에 있을 때 우리를 보호해 줄 수 있을까요? 오늘 아줌마가 전한 예수님은 우주를 창조하시고 별을 움직이시며 우리의 죄를 용서하기 위해 대신 죽으시고 부활하신 전능하신 하나님입니다. 여러분은 여러분의 작은 손으로도 부술 수 있는 힘없는 신을 모시고 살고 싶나요? 아니면 이 세상을 만드시고 우리를 사랑하는 힘 센 예수님을 신으로 모시고 싶나요?"

아이들이 입을 모으고 대답했다.

"예수님이요."

"맞아요. 여러분은 집에서 매일 제사를 지내지요?"

"네, 아침 저녁으로 빠이빠이를 해야 해요. 향도 피우고요."

"우리가 섬기는 예수님은 사랑이 많으셔서 매일 지내야 할 제사를 그분이 한 번에 지내셨어요. 예수님은 사람들이 귀찮게 매일 상을 차리는 것을 원치 않으세요. 그분은 우리가 즐겁게 찬양하고 서로 사랑하는 것만 원하시지요. 지혜로운 사람이면 사람들이 만들어낸 조각상을 사다가 신이라고 섬기면서 그 앞에 절하지 않겠지요?"

"네"

"오늘 아줌마가 말해 준 똑똑한 동방박사들처럼 여러분도 예수님을 여러분의 신으로 모시길 바랍니다."

나는 이 말씀이 학생들과 그 가정에 전파되길 간절히 기도했다.

마침내 올 것이 왔다.

한 학생이 자기 집의 우상을 집어 던져 산산조각을 냈다. 그 학생은 부모에게 내게 들은 말을 그대로 다 옮겼던 모양이다. 부모는 학교에 항의를 했다.

불똥은 담임에게 튀었다. 다음 날 수업시간에는 담임이 내 수업을 참관했다. 그리고 종교이야기는 조금 약하게 하면 안되겠냐고 조심스럽게 물어왔다.

나는 내가 대만에 온 목적이 예수님을 전하기 위해서이며, 선생님과 학생들이 나를 만난 것이야말로 하나님이 주신 특별한 선물이기 때문에 이번 기회에 선생님과 학생들이 모두 예수님을 영접하기를 기도한다고 말했다.

"제가 성경이야기를 전할 수 없으면 더 이상 올 수 없어요. 다른 학교에서도 초청이 많이 들어오니 그 학교로 옮길 수밖에 없습니다."

결국 담임선생님이 학부모를 설득시켰다. 내 수업은 점차 늘어갔다. 다른 학교에서는 보수를 주겠으니 와서 학생들을 가르쳐 달라고 했다.

  이 일을 계기로 나는 효과적이고 교육적인 주일학교 프로그램 개발이 얼마나 중요한지 알게 되었다. 훌륭한 프로그램을 연구하여 이 시대의 어린이들에게 전파해야 할 사명을 다시 한번 깨닫게 되었다.

인형극단을 세우다

여름방학이 시작되면 항상 고민해야 하는 것이 있다. 어떻게 여름 성경학교 프로그램을 세울 것인가 하는 문제이다. 우리가 다니던 대만의 에덴교회에서는 성경을 신나는 놀이와 문화 예능활동으로 전하는 일본의 "메비꾸"라는 주일학교 프로그램을 도입했다. 그러나 현지교회 실정에는 맞지 않았다.

내가 주일학교에 다닐 때 전도사님이 강단 뒤에 숨어 손으로 봉제 인형을 움직여 가면서 성경을 들려주시던 것이 생각났다. 마침 우리가 살고 있던 신학교 기숙사는 전에 옷을 만들던 봉제 공장이었는데 사업이 망해 옷감을 창고에 넣어둔 채 폐업을 한 상태였다. 형형색색의 어마어마한 양의 천이 창고에 가득했다.
나는 먼저 황금색 천과 부직포를 이용해 아름다운 초원을 꾸미고, 갖가지 천으로 애벌레를 만들어 인형극을 제작했다.

학생들의 반응은 최고였다. 천국과 죄와 예수님의 사랑을 인형극으로 전하는데 마치 스펀지에 물이 스며들듯 아이들에게 말씀이 흡수되는 것이 느껴질 정도였다.

성경학교를 마치고 나자 내 머릿속은 인형극으로 꽉 찼다. 성령께서 내 머리를 잡고 놓아주질 않으시는 것 같았다.

생각나는 인형들을 손으로 만들어 보고, 커다란 천에 아크릴물감으로 그림을 그리기도 하고, 부직포를 이용해 배경을 삽입하기도 했다. 우리 집 바닥과 내 책상 위에는 4~5미터의 천으로 가득차서 손님이 와도 앉을 곳이 없었다.

와니타 선교사는 감탄했다.

"사모님 손은 신의 손 같아요. 무엇이든 생각하는 것을 다 만들어 내시네요."

수고비는 천국에서 받습니다

첫 번째 작품은 요나서였다. 배경만 4개나 되었고, 손으로 움직이는 수십 개의 봉제인형들을 만들었다. 문제는 이것들을 가지고 인형극을 진행하는 동역자들이 필요했다.

늘 그렇듯이 나는 이 문제를 두고 하나님께 기도부터 했다. 그리고 우리 집에서 하고 있는 성경공부 팀 자매들에게 먼저 도움을 요청했다.

"이 인형극은 하나님의 일꾼으로 사명감이 있는 사람이 참여할 수 있어요. 무슨 일이 있어도 인형극 공연에 참석해야 하고, 수고비는 천국에서 받게 될 것입니다."

그동안 우리와 함께 성경공부를 하면서 신앙이 성숙해진 자매들이었지만, 단 한 명만 제외하고 모두 직업이 있었기에 나의 이런 조건들은 받아들이기에 참으로 불가능한 것이었다. 그럼에도 불구하고 나는 책임감이 있는 동역자가 필요했다. 오직 주님의 능력에 의지하여 단원을 모집하고 싶었다.

결과는 뜻밖이었다. 열 명의 단원이 필요한데 그 이상이 자원을 했다. 나는 단원들을 무슨 일이 있어도 공연에 참석할 수 있는 공연팀과 자료제작팀으로 나누었다. 공연 팀 자매들은 반 달치 월급을 포기하면서까지 인형극 선교에 헌신했다. 화장품 가게를 하는 수쩐 자매는 15일 이상 가게를 열지 못했다. 낮에 직장을 다녀야 하는 제작팀 자매들은 밤과 주말을 이용해서 바느질을 하고 그림을 그렸다. 모두 하나님의 용사들이었다. 그들 가운데는 내성적인 성격에 우울증에 걸린 자매들도 있었다. 나는 이들이 주님의 일을 하면서 자신의 어려움을 극복하고 평안을 얻기를 기도했다.

문제는 공연할 장소였다. 주변의 사립유치원을 찾아갔다. 중국어발음도 이상한 외국인 여자가 인형극을 아이들에게 보여주겠다고 하니 반응이 떨떠름했다.
"뭘 믿고 수백 명의 아이들 앞에 당신을 세우겠소?"
다음 날엔 세 박스나 되는 인형들을 가지고 다시 방문했지만, 역시 거절당했다.
"주여, 제게 길을 보여주세요!"
나는 방으로 돌아와 인형들을 앞에 두고 기도를 했다.
문득 쯔시엔 자매가 생각났다. 단원을 모집할 때 자신은 체력이 부족해서 공연엔 참가할 수 없지만 사진 찍는 기술이 있으니 혹시 필요하면 불러달라고 했다. 한국 단기선교 여행팀이 사준 캠코더로 쯔시엔 자매는 동영상을 찍어 DVD로 만들어주었다.

우리가 공연하고자 하는 단체에 먼저 DVD를 보냈다. 초등학교와 유치원은 물론 먼 도시의 교도소에서도 초청이 들어왔다. 인형극단은 불러주는 곳이면 어디든지 달려갔다.

보통 초등학교에서는 에어컨이 없는 강당에 수백 명의 학생들이 모였다. 인형극을 하기 전에 나와 메이미아오 자매가 먼저 찬양인도를 했다. 인형극을 보여주고 내가 왜 대만에 선교사로 올 수 밖에 없었는지 간증을 했다.

"여러분도 니느웨의 백성처럼 회개하고 주님께 돌아오길 바랍니다."

학생들은 "아멘"으로 응답해주었다.

그 다음에는 인형극 요나 이야기에서 나온 커다란 물고기를 색종이로 접게 했다. 강당 입구에는 학생들이 빈손으로 돌아가지 않도록 선물들을 준비했다.

첫 작품 "요나 이야기"는 타이난의 모든 학교를 순회하며 성황리에 공연을 이어갔다.

진짜 사람이 되었습니다

성탄절이 다가왔다. 나는 성탄절이 "산타클로스 데이"로 알고 있는 대만인들에게 예수님이 탄생하신 날이란 것을 전하고 싶었다.

우리 인형극단이 가장 부족한 것은 음향시설과 성우였다. 내 중국어는 아무리 노력해도 외국인의 억양을 뛰어넘을 수 없었다. 팀원들은 태어나서 고향땅을 한번도 벗어나 본 적이 없는 시골 아주머니들이었다.

나는 대만의 기존 자료를 이용하여 성탄절 이야기를 만들어야 했다. 마침 대만의 어떤 큰 기독단체에서 학생들을 위한 성탄연극을 내놓았다. 나와 메이미아오 자매의 남편은 컴퓨터를 이용하여 이 연극을 각색해서 새로운 성탄절 인형극을 만들었다.

12월, 크리스마스 공연은 더 많은 초청을 받았다. 단원들은 막노동을 한 사람들처럼 땀투성이가 되었다. 그러나 아무도 짜증내지 않고 웃음이 가득했다.

공연을 마치고 녹초가 된 단원들을 식당으로 데려갔다. 공연하면서 어떤 어려움은 없었는지, 직장에서는 문제가 없었는지 물어봤다. 살아계신 하나님은 자매들의 헌신을 기쁘게 받으신 모양이었다. 한 사람도 월급이 줄었다는 단원이 없었다. 오히려 진짜 신앙인이 된 것 같아 "사람이 된 기분"이라고 했다.

공장을 2주일 비운 루이 자매는 공장이 더 잘 돌아가 남편이 계속 봉사하라고 했고, 우울증에 걸린 싸오 자매는 남편과 싸울 일이 없어 우울증이 없어졌다고 했다. 그녀의 남편은 제발 아내를 계속해서 인형극단에 데리고 다녀달라고 부탁을 해왔다. 또 다른 우울증 환자인 자매는 공연을 하면서 자기 맘속에 있던 귀신이 나간 것 같다며 몸이 너무너무 가볍다고 했다. 다리가 아파서 불안했던 왕타이타이는 공연할 땐 다리가 한번도 아프지 않았다고 했다. 한 명의 단원도 불평이 없었다. 하나님의 놀라운 은혜만이 넘쳤다.

"사모님, 사모님, 공연이 신문에 나왔어요."

교회의 어르신 한 분이 신문을 가지고 날 찾아왔다. 대만의 중앙일보였다. 우리의 공연 장면과 함께 "이번 크리스마스에 가장 가보고 싶은 곳"으로 우리의 공연을 추천하는 내용이었다.

이 신문 내용으로 교회 안에서도 복음전도에 대한 뜨거운 비전을 갖게 되었다. 외국인도 저렇게 열심히 일하는데 우리도 힘써 일하자며 주를 섬기는 아름다운 "경쟁"이 번져나갔다.

까마귀를 보내주신 하나님

인형극을 제작하고 학생들 선물을 준비하면서 우리 가정은 식비를 털었다. 심지어 한국의 동역자들이 아이들에게 주라고 보낸 학용품까지 모두 학생들 상품으로 썼다. 나는 하나님께 과부의 두 렙돈과 밀가루를 바치는 심정으로 사역을 했다. 그러나 우리는 굶지 않았다.
"목사님! 생선 가져왔어요."
"사모님, 빵 드세요."
주님은 우리에게 까마귀들을 보내주셨다.

어느 날은 생활비가 한 푼도 없었다. 이번 달에도 만나와 메추라기를 먹겠구나 싶었는데 낯선 중년여성이 찾아왔다. 미국에서 화교들을 대상으로 교회를 운영하시는 목사 사모님이었다. 그분은 타이난의 친구로부터 나의 사역에 대해 듣고 꼭 헌금을 하고 싶다고 했다.
"이 돈만큼은 자녀들을 위해 사용해 주세요."
봉투 안에는 내가 인형극 제작을 위해 썼던 금액의 두 배가 들어있었다.
한번은 대만에 있는 큰 출판사에서 나의 소식을 들었다며 미국으로 수출하는 예쁜 문방구용품들을 트럭으로 기증하셨다. 그 사장님은 교회에 다니지도 않는 분이셨다. 우리는 창고에 물건을 쌓아두어야 할 정도로 상품이 넘쳐났다.
무엇으로 이 모든 기적을 설명할 수 있겠는가? 먼저 그 나라와 의를 구하면 모든 것을 후하게, 넉넉하게 채우시겠다는 주님의 약속을 믿을 수밖에 없다.

교회가 참 좋네요

대만교회의 주일학교 유치부에서 봉사를 하다 보니 이 나라 역시 이혼문제가 심각했다. 주일학교에 나오는 많은 아동들이 편부나 편모 또는 조부모 손에서 자라고 있었다. 가정은 하나님이 세우신 작은 천국이어야 하는데 참으로 마음이 아팠다.

우선 싱글맘들을 위한 모임을 만들어 성경공부를 했다. 그리고 가족단위의 공동체 모임을 결성해 결손가정끼리 서로 돕는 생활을 하도록 했다.

결손가정의 아이들을 위해서 다양한 활동을 했는데 나는 다섯 살부터 여덟 살까지의 유아들을 대상으로 무용을 가르쳤다. 찬송가를 편곡한 곡을 선정하고 발레복은 직접 내가 만들었다.

사람들은 내게 재주가 많다고 한다. "사모님은 도대체 못하는 게 무엇입니까?"하고 묻는다. 사실 난 시골의 작은 마을에서 가난하게 태어났다. 중·고등학교까지 학원은 물론이고 참고서 한 번 제대로 사 본적도 없고, 수업료를 제 때 내지 못해 매번 교무실에 불려가 꾸지람을 듣는 학생이었다. 대학도 아버지 몰래 가야했기에 장학금을 주는 곳으로 진학해야 했다. 내가 가진 재주는 선생님들이 방과 후에 무료로 가르쳐주신 것과 교회에서 봉사하면서 얻은 것이 전부다.

  초등학교 때부터 다니던 교회의 반주자가 자주 결석해서 대신 반주를 하느라 배운 피아노, 교회를 아름답게 꾸미고 싶어서 들꽃을 꺾어 꽂으며 익힌 강대상 꽃꽂이와 교회장식, 방과 후에 선생님께 배운 발레, 아그리파 데생한다고 목탄만 부수던 미술부활동 등이 전부다.
  특별히 내가 초등학교 4학년 때, 6학년인 우리 오빠의 담임선생님께서 나를 아주 예뻐하셨다. 미혼이었던 선생님은 지독하게도 가난했던 우리 집을 방문하셔서 나를 수양딸로 키우고 싶으니 당신이 나를 교육할 수 있도록 해달라고 부탁하셨다. 우리 부모님은 그 말을 듣고 한없이 우셨다.
  선생님은 방과 후에 나에게 여러 가지를 가르쳐주셨다. 그 중 가장 힘들었던 것이 발레였다. 새벽 네 시에 일어나 산길을 따라 한 시간씩 걸어 학교에 도착해 발레연습을 했다. 엄마는 아버지 몰래 발레복을 사주기 위해 남의 집 품팔이를 하셨다. 다른 비용은 모두 선생님이 감당해주셨다. 나는 초등학교 때 발레뿐만 아니라 고전무용까지 배울 수 있었다.

  아이들에게 무용을 가르치고 초청장을 만들었다. 아이들의 부모님과 조부모님, 가족들을 모두 초청했다. 여느 학예회 못지않은 흥분된 분위기였다. 이혼한 부모들은 어린 자식들과 같이 사진을 찍으면서 가졌던 상처들이 조금은 풀어지기도 했다.

생전 처음 교회에 온 아이들의 부모들은 한결같이 이렇게 말했다.
"교회가 참 좋네요."

자신들이 매일 다니는 사당보다 교회가 훨씬 좋다는 것을 알게 된 것이다. 은혜롭게도 그 중 한 쌍의 부모가 다시 결합해서 가정을 회복했다.

선교지에서 쓰인 내 재주들은 어린 시절부터 학교와 주일학교에서 최고의 선생님들을 만나게 하시고 준비하게 하신 하나님의 교과과정 덕분이다. 나는 단지 교회 주일학교를 섬기면서 무엇이든 주를 섬기고자 하는 열정으로 봉사하다 보니 나의 은사는 다섯 달란트에서 열 달란트로 늘어나게 되었다. 이 모든 것이 다 주님의 계획이었음을 선교지에 와서 나는 깨달았다.

내가 무용을 가르친 교회 주일학교 아이들 가운데 앞으로 나와 같은 사역에 헌신할 아이들이 반드시 나올 것을 나는 믿어 의심하지 않는다.

디모데 모임

　대만에서 여러 사역을 하였지만 그중 우리가 가장 아끼고, 우리에게 가장 힘이 되어주었던 모임이 디모데 모임이다. 처음 모태신앙을 가진 두 가정과 함께 시작된 모임은 매주 금요일 밤 우리 집에서 모였다.
　우리는 무조건 온 가족을 초대해서 식사를 대접하고 교제와 말씀 묵상을 했다. 우리 딸은 아이들을 돌봐주었다. 같은 교회를 다니지만 냉랭했던 두 가정이 디모데 모임을 통해 벽이 허물어지고 하나가 되었다. 두 가정은 자신들의 동료와 친구들을 데리고 나오기 시작했다.

　점차 사람들이 많아지면서 우리 모임은 본격적인 그룹성경공부 팀으로 발전하게 되었다. ESF(한국기독대학인회)에서 훈련받은 우리 부부는 일대일 성경공부와 그룹 성경공부를 이끌었다. 교재는 ESF에서 나온 성경공부 문제집을 중국어로 번역해서 썼다. 우리는 이 모임을 통해 대만의 기독교 용사들과 함께 기독교 가정의 모델을 꿈꾸었다.

우리 모임에 메이번이라는 자매가 나왔다. 그녀는 중소기업을 운영하는 부자 부모님을 두고 있었다. 메이번 자매는 디모데 모임에서 성경공부를 하면서 예수님을 믿게 되었고, 남편까지 전도해서 같이 세례를 받았다.

메이번은 세례를 받는 날, 자기 몸에서 시커먼 형체가 쑥 빠져나가는 체험을 했다. 결혼한 후에도 부모님의 돈을 훔치던 그녀는 자기 몸에서 도둑의 영이 빠져나가는 것을 느끼고 부모님 앞에서 통회하고 회개했다. 뇌전증을 앓고 있는 메이번 자매의 행동이 변화되고 병도 좋아지는 것을 본 그녀의 부모님은 우리의 친구가 되었다.

주일학교에 다니는 학생을 심방하다가 만나게 된 짱타이타이는 첩이었다. 우울증을 앓고 있었고, 남편이 생활비를 적게 준다면서 하루 종일 우리 집에서 식사를 해결하고 갔다. 아이들을 데리고 와 냉장고를 자기 집처럼 열어서 음식을 꺼내먹었다. 목사 가정의 물건은 어차피 성도들이 주는 것이기 때문에 당연히 공유해야 한다며 고마워하지도 않았다.

대만 사람들은 한 사람과의 인간관계가 형성되면 그 사람 주변의 모든 사람과 거미줄처럼 연결된다. 짱타이타이 자매가 모임에 오게 되면서 우리는 그녀의 자식들은 물론 그녀의 남편과 그의 직업까지 챙겨주어야 했다. 그런 짱타이타이도 주님께서 축복하시고 사용하셔서 인형극단 단원이 되었고 마침내 세례를 받았다.

디모데 모임에는 정신분열증 환자인 핑화 자매도 있었다. 정신병원에서 막 퇴원한 핑화 자매는 시장에서 만난 오십이 넘은 중년부인으로 남편에게 폭행을 당해 병을 얻게 되었다. 이 자매는 밤낮없이 우리 집 앞에서 소리를 질렀다.

"박 목사님, 박 목사님……"

새벽 두 시건 네 시건 핑화 자매가 불러댈 때 나가지 않으면 동네가 다 시끄러워지고 우린 무정한 사람이 되었다. 우리는 잠자다가도 뛰쳐나가 그녀를 집으로 데리고 들어와 하소연을 들어주었다. 가족들도 외면한 그녀를 받아주는 곳은 우리밖엔 없었다.

핑화 자매는 세례도 받고 교회에도 나가게 되었지만, 교인들은 그 자매를 부담스러워했다. 대만 사람들은 귀신에 들리거나 정신병이 있는 사람들을 무척 꺼려해 그 옆에 가려고도 하지 않았다. 핑화 자매가 예배 중에 큰 소리를 지르거나 벌떡 일어나 소리를 지르면 난 성가대에서 얼른 일어나 그녀 곁으로 가서 그녀의 손을 꼭 잡고 얼굴을 쓰다듬어 주었다. 그러면 뚱뚱한 그녀는 미소를 지으며 아이처럼 행복해했다.

시오타오 자매는 다른 교회에서 상처를 받아 교회출석을 그만 둔 자매였다. 그녀의 성격은 불같아서 남편과 싸우지 않는 날이 하루도 없었다. 그러던 그녀가 우리 모임에 나오면서 성경공부를 통해 인격이 변화되었다. 신기해하던 그녀의 남편이 우리 모임을 찾게 되었고, 그녀의 친정집 식구들도 우리 모임을 알게 되었다. 시오타오 자매는 재봉 솜씨가 좋아 인형제작에 큰 도움을 주었다. 엄마가 변화되자 자녀들도 주일학교에 나왔다. 이 가정은 모두 예수님을 믿게 되었다. 후에 디모데 성경모임이 너무 커져 둘로 나눌 때 자신의 집을 오픈해 성경공부를 하도록 허락해주었다.

용친 부부는 이혼을 생각하고 있던 부부였다. 그들이 디모데 모임에서 성경공부를 한 후 그의 신앙이 성장하여 부부간의 사랑이 회복

되었다. 이들 부부와 우리 가정은 피를 나눈 형제 이상의 관계가 되었다. 그는 한마디로 헌금하기 위해 열심히 일하는 사람이었다. 중소기업 사장이면서도 허름한 공장의 임시 가옥에 사는 그는 신학교를 세울 때 대출을 받아가면서까지 도움을 주었다. 교회에 손님이 오면 아무리 바쁜 일이 있어도 극진히 대접하고, 대만의 많은 사역자들을 도와주었다.

용친 부부는 공장 직원들과 그의 형제, 처가, 거래처, 친구 등 많은 사람들을 디모데 모임에 데려왔다. 두 가정으로 시작한 디모데 모임은 고정 참가인원이 이십 가정이 넘고, 등록가정은 사십 가정이 넘게 되었다. 주를 위해 기쁘게 일하는 그의 모습은 하늘 아버지의 자랑이 되었을 것이다.

수쩐 자매는 시장에서 화장품을 파는 자매였다. 그녀는 결혼해서 칠년 동안 불임이었으나 교회에 다니면서 아이를 낳게 되있다. 그러나 은혜로 태어난 아이가 자폐아였다. 수쩐 자매는 나가던 교회에서 상처를 입어 오랫동안 교회를 다니지 않았다. 그녀는 디모데 모임을 알게 되면서 정말 열심히 주님을 섬겼다. 화장품회사에서 나오는 사은품들을 전도할 때 쓰라며 내게 주기도 하고, 형편이 어려운 자매들을 남몰래 돕기도 했다.

나는 시장사람들을 상대로 전도하고 싶은 마음이 있었다. 수쩐 자매는 매주 화요일 오전에 자기 가게를 쓸 수 있도록 내주었다. 거기서 우리는 금식기도를 하며 성경을 읽고 중보기도를 했다. 우울증이 있던 싸오타이타이와 핑화, 수웨이위에 자매들이 이 기도모임을 통해 신앙이 성장하고 은혜를 받게 되었다.

디모데성경공부모임이 활성화되면서 신앙이 자란 성도들이 교회의 리더가 되었다. 말씀을 통해 가정에 평화가 왔다는 이들의 간증으로 다른 교회 교인들까지 우리 모임에 나오기를 원했다. 어떤 사람들은 교회에 다니지 않으면서도 그냥 우리 모임이 좋아서 나오기도 했다.

디모데 모임은 우리 가정을 중심으로 이루어졌다. 처음에는 외국인 선교사라는 호기심과 관계성 유지를 위해 나오던 사람들이 어느새 주님을 믿고 교회를 사랑하고 주인의식을 갖게 되었다.

이제 모세의 장인 이드로가 모세에게 했던 권면이 우리에게도 적용될 시간이 다가왔다. 주의 사역을 위해 선교사인 우리의 존재를 비우고 대만인들 스스로 이 모임을 이끌도록 도와주어야 했다.

우리 부부를 중심으로 한 피라미드 구조에서 벗어나 주님을 머리로 한 소모임을 만들어 나갔다. 성격이나 환경, 신앙관이 비슷한 사람들끼리 친구로 맺어주었다.

교회행사 역시 그들이 계획을 세워나가도록 나는 옆에서 지켜봤다. 한번은 내가 보기에 잘못될 것 같은 행사를 자매들이 기획한 적이 있었다. 결국 행사 전날 준비한 것을 다 치우고 다시 꼬박 밤을 새우며 다음 날 행사를 준비해야 했다. 자매들이 나를 원망했다.

"처음부터 사모님이 해주시지 왜 내버려뒀어요?"

내가 웃으면서 말했다.

"앞으로 성장하려면 잘못하는 것도 도움이 되거든요. 주님은 우리가 노력하는 모습을 예쁘게 받으셨을 거예요."

우리 부부는 '죄'를 짓는 문제가 아니라면 최대한 이들이 역량을 발휘할 수 있도록 격려하고 칭찬했다.

언제나 어린 양 같아서 안고, 달래고, 업어 키우던 형제자매들이 갈수록 나의 오른손이 되어주고, 기댈 어깨도 되어주며 동역자로서 서

가는 모습을 보며 초대교회 성도들이 교회를 세워나가는 것 같았다. 우리의 양이 아닌, 주님의 양들!

  이들은 대만 교회의 믿음의 기둥들이 되었다.

하나님의 영광을 볼 수 있는 자

사스(SARS: 중증급성호흡증후군)에 감염된 지 9일 만에 한 젊은 사업가가 죽었다. 사스를 치료하던 의사도, 간호사도, 치료비를 수납하던 직원도, 병원에 심방을 갔던 목사님도, 가족 병문안을 갔던 일반 사람도 언제 스쳤는지도 모르는 사스환자로부터 감염이 되어 죽었다. 대만에 사스 공포가 밀려왔다.

사스 균이 얼마나 강력하고 빠르게 전염이 되는지 침·대소변은 물론 공기와 물 어떤 것으로도 전염이 가능했다. 감기 증상처럼 고열에 극심한 기침이 특징이지만 최근에는 고열도 없는 아이들이 죽어갔다.

사스로 인한 죽음도 두렵지만 더 무서운 것은 격리다. 가족 중 누군가 사스에 걸리면 비록 아이라 해도 같이 있을 수 없다. 몰래 돌보다가 걸리면 엄청난 벌금을 물었다. 그만큼 전염성이 강한 질병이었다.

오죽하면 한 종합병원의 직원 가운데 150명이 집단으로 사표를 냈을까.

모든 공공장소는 체온을 재서 37도 이상이면 출입금지였다. 문제는 마스크를 하고 다녀야 하는데 병원 직원조차 그것을 구할 수가 없었다. 사람들은 임시방편으로 생리대나 브래지어, 에어컨의 필터를 쓰고 다녔다. 저온에서 전염력이 강해지기 때문에 이 더위에 에어컨도 못 켜고, 각종 모임과 집회도 취소되었다.

대만정부는 은폐하려고만 할 뿐 뚜렷한 대안을 마련하지 못했다. 국민들은 공포에 떨면서 각자 면역력에 좋다는 파인애플과 감초 우린 물을 먹고자 했지만 그것도 가격이 올라 살 수가 없었다. 파인애플농장에는 도둑이 들어 24시간 천막을 치고 감시를 했다. 밤이면 사스로 인해 굿을 하는 나팔소리와 장구소리, 폭죽소리가 날로 심해만 갔다.

우리 그리스도인들은 죽음의 사자가 그냥 지나가도록 기도하면서 양의 피를 마음 문에 단단히 발라둘 수 밖에 없었다.

설상가상 봄장마가 몰고 온 태풍 롱첸이 밤사이에 도시 전체의 전압기들을 강타하고 주민들은 어둠과 폭우의 공포 속에 밤을 지새웠다.

사스의 공포와 태풍에도 불구하고 우리는 성대병원과 기독병원에 입원 중인 임파선 암 환자와 폐암 말기 환자들에게 말씀을 전하려고 준비를 했다. 어떤 사람은 타이난에서 사스 추정 환자가 가장 많이 입원해 있는 종합병원의 심방은 물론 교회예배도 당장 중단하자고 하는 분도 있었다. 그러나 선교사들은 주님의 사역을 위해 목숨을 걸어야 할 때가 있다. 수많은 복음의 용사들이 죽음을 두려워했다면 지금과 같은 영광이 우리에게 있었을까.

"주님은 십자가에 달리시기까지 했는데!"

오토바이가 날아갈 것 같은 비바람이 불었지만, "나사로야, 나오라!" 외치시는 주님의 복된 말씀을 기도로 준비한 후 집을 나섰다.

세 번의 암수술로 지쳐있는 차이 자매는 고통으로 떨리는 가운데서도 간절하게 "아멘"으로 화답해주었다. 육신과의 이별을 앞두고 세례를 받은 그녀의 온몸은 암세포를 찾기 위한 칼자국과 각종 기계의 선으로 연결되어 있었다. 수족을 천으로 친친 동인 채 무덤에서 나오는 나사로 같았다.

차이 자매는 신실한 권사님인 어머님 밑에서 자랐지만 교회와 담을 쌓고 살았다. 그녀의 남편은 굿을 할 때 앞에서 춤을 추는 사람이다. 대만에 이런 춤을 추는 사람이 귀해 지금은 고등학교에서 굿춤을 전수하는 직업을 가지고 있다. 그런 남편을 둔 탓인지 차이 자매는 예수님 말씀을 들을 땐 감격으로 받지만, 곧 옛 모습으로 돌아간다.

나는 마스크까지 벗어버리고 그녀의 손을 잡고 간절하게 기도했다. 부활의 신앙을 체험하고도 교만과 허영, 바쁨, 물질들의 끈으로 꽁꽁 묶인 채 살아가고 있는 사람들이 얼마나 많은가. 예수님은 이런 자들을 "풀어놓아 다니게 하라."고 명령하신다. 선교사인 우리는 두 눈으로 주님만을 바라보고, 입술로는 주님을 증거하고, 손과 발을 이용하여 전도를 해야 한다. 사단의 세력이 죽음의 공포를 퍼뜨리고 다녀도 우리는 멈춰있을 수가 없다.

먹구름이 하늘 가득 뒤덮여 있었다. 나는 다시 오토바이를 몰고 기독병원을 향했다.

피터가 기도를 부탁해온 40대 자매는 폐암 말기로 죽음을 기다리고 있었다. 그 자매는 너무 고통스러워 의사에게 빨리 죽게 해달라

부탁을 했다.

나는 그녀에게 우리 곁에 살아계시고 영생의 힘을 얻게 하시는 부활의 주님을 전했다.

"예수께서 이르시되 나는 부활이요 생명이니 나를 믿는 자는 죽어도 살겠고 무릇 살아서 나를 믿는 자는 영원히 죽지 아니하리니 이것을 네가 믿느냐"(요한복음 11:25~26)

그리고 내가 고아원 보모로 있었을 때의 경험을 들려주었다.

한겨울이었다. 고아원의 아이들과 잠자리에 들기 전 손발을 닦으러 개울로 갔다. 물은 꽁꽁 얼어있었다. 얼음을 깨고 아이들의 손발을 씻겨 돌아오는 데 세 살짜리 아이가 울기 시작했다.

"이모, 너무 추워요. 얼어 죽겠어요."

나는 아이를 안고 하늘을 바라보며 주님께 기도했다.

"살아계신 주님, 너무 추어요. 우리를 안아주세요. 우리로 하여금 당신의 따뜻함을 느끼게 해주세요."

기도를 마치는 순간 아이가 갑자기 외쳤다.

"이모, 내 손이 따뜻해졌어요. 만져보세요."

아이를 만지는 내 손은 물론 등 뒤에서 누군가가 나를 너무나도 따스하게 안아주는 것을 느꼈다.

내 이야기를 듣는 동안 자매는 땀을 흘리며 평안하게 눈을 감고 쉬었다. 조용히 찬양을 들려주고, 주님은 지금도 살아계셔서 우리의 기도를 들으시고 우리와 함께하시니 끝까지 용기를 내라고 같이 기도했다.

사스환자로 가득 찬 병원을 드나들며 환자들에게 전도하고 기도해 주었을 때 복음이 얼마나 뜨겁게 선포되었는지 모른다.

대만에 사스가 가장 심하게 퍼졌을 때 일본에서 온 전도단은 이에 굴하지 않고 전국을 순회하면서 전도를 했다. 대만교회의 장찐지 목사님은 주위의 만류에도 불구하고 모든 세미나마다 다 참석하셨다.

죽든지, 살든지 주님만 믿고 복음사역에 나서는 이런 신앙을 통해 하나님의 나라가 이루어져 간다.

내가 처음 아기를 가졌을 때가 떠올랐다.

피부병이 심해 독한 약을 먹고 있던 나는 뒤늦게 임신 사실을 알았다. 병원에 갔더니 당장에 수술하라고 했다. 그러나 한 그리스도인 의사가 이렇게 말했다.

"장애는 약을 먹어도 생기고, 안 먹어도 생깁니다. 왜 그런 줄 아십니까? 생명의 주관자는 하나님이시기 때문입니다."

나는 수술하지 않기로 결심했다. 엄청난 약을 먹었음에도 나는 두 명의 예쁘고 지혜로운 아이들을 낳았다. 나는 무슨 일을 하던, 어디에 있던, 하나님의 자녀는 하나님께서 책임지신다는 확신이 생겼다.

오토바이를 타고 집에 돌아오는데 무섭게 쏟아지던 장대비가 거짓말처럼 뚝 멈췄다.

한나절의 전도여행이 은혜 가운데 그렇게 마무리 되었다.

신학생을 도우면서 배운 교훈들

　우리나라보다 기독교의 역사가 훨씬 오래된 대만에는 초대 선교사들이 세워놓고 떠난 교회들이 비어있는 곳이 많다. 교회는 있는데 성도가 없거나, 성도는 있는데 목회자가 없는 교회도 있다.
　시골의 작은 마을엔 마지막으로 남은 한 두 명의 성도가 교회를 지키고 있다. 이렇게 교인이 적어 목회자를 초청할 경제적 여유가 없다 보니 문을 닫는 교회들이 늘어간다. 폐허가 된 교회들을 돌아보며 우리들은 가슴이 찢어지는 것 같은 아픔을 느꼈다.

　대만 내에 몇 개의 신학교가 있지만 이런 교회들을 다 감당할 만큼의 신학생들이 모집되지 않는다. 많은 기도와 회의 끝에 남편인 박 목사와 여러 대만교회 목사님들이 지혜를 모았다. 우리가 섬기는 에덴교회에는 이미 신학석사와 박사과정이 개설되어 운영 중이었는데 여기에 학부과정을 세우기로 했다.

실력 있는 목사님들이 보수를 마다하고 교수로 와주셨고, 남편은 교무주임을 맡았다. 남편은 오전에는 신학생들에게 설교학을 가르치고 오후에는 학생들과 함께 타이난의 중·고등학교, 교도소, 공원 등을 다니며 쉬지 않고 전도에 힘썼다.

우리 신학교는 전액 장학생으로 숙식이 제공되었다. 교회의 위층은 남학생 기숙사로 쓰고, 여학생들은 교회 앞에 주택을 임대해서 썼다. 우리 가족은 여학생들을 관리하기 위해 기숙사 삼층으로 이사했다.

나는 우리 집을 기숙사로 옮기는 것을 반대했다. 혹시나 외국인 선교사인 우리의 실수가 학생들에게 시험이 될까봐 걱정을 한 것이다.

남편은 막무가내로 이삿짐을 옮겼다. 교회에서는 무보수 교수에 무보수 선교사인 우리 가족에게 임대료를 내지 말라고 했다. 그러나 남편은 선교사가 베풀러 온 것이지 받으러 온 것이 아니라며 꼬박꼬박 월세를 냈다.

1층은 학생들 식당, 2층은 여학생 기숙사, 3층은 우리 가족, 4층은 와니타 선교사가 사는 완전 개방된 가정생활로 나는 '잠옷'이 필요 없었다.

"사모님, 밥 남았어요?"
"사모님, 드라이어 있어요?"
"사모님, 다리미 있어요?"

학생들은 노크도 없이 벌컥벌컥 문을 열었다. 그런데 이것도 살다 보니 습관이 되었다. 나 스스로가 어떻게 하면 "즐거운 공생"을 할 것인가 연구했다.

겨우 13개월의 언어연수를 한 나는 중국어로 기도하고 설교하고 전도하기에 부족했는데 학생들과 함께 살면서 나의 중국어실력은 일

취월장했다. 나는 신학생들과 기도를 같이 하고 밤이면 이들을 위한 신앙상담을 했다. 어느새 학생들의 언니가 되기도 하고, 어머니가 되기도 했다.

나의 어릴 적 삶은 가난과 질병의 연속이었다. 태어나면서 병을 가지고 있던 둘째 언니의 약값을 대기 위해 우리 집 경제는 늘 허덕였다. 남존여비사상을 굳게 갖고 계시던 아버지는 딸들의 진학을 완강하게 반대하셨다. 그러나 공부에 열의가 있는 큰언니와 나, 동생까지 아버지를 속이고 모두 인문계고등학교에 진학했다. 수업료를 제 때 낼 수 없어 교무실에 많이도 불려 다녔다.

대학은 장학생으로 들어갔다. 학비는 해결했어도 생활비가 없었다. 엠티 갈 여비도 없고 책도 구입할 처지가 못 되었다. 그래도 공부가 좋아 열심히 했다. 찢어진 청바지 하나로 버티는 나를 교수님들이 도와주셨다. 마성식 교수님은 내게 작은 일 하나를 시켜놓으시고는 "을순아, MT 비용은 내가 냈으니까 잘 갔다 와라.", "졸업여행은 가야지. 비용은 걱정 말고."하시면서 도와주셨다.

2학년에 올라가자 일단 수업료를 내야 장학금을 준다는 학교방침 때문에 돈을 준비 못한 나는 출석부에 이름이 올라가지 못했다. 그 소식을 들으신 노경혜 교수님은 이름을 밝히지 않고 대신 등록을 해주셨다.

"너도 나중에 너처럼 어려운 사람을 만나면 지금의 이 빚을 그들에게 갚거라."하시면서.

김현경 교수님은 내가 계속 공부할 수 있도록 지지해주시고 전문서적과 헌금을 아끼지 않으신 참 고마운 은사님이시다. 보잘 것 없는 나를 은사님들은 돌보시고 키워주셨다. 내가 어떻게 대학을 졸업할 수 있겠는가? 그것은 온전히 주님의 은혜요, 이름 모를 기부자들과 은사님들의 덕택이었다. 이 빚진 자의 마음을 나는 대만의 가난한 신학생들에게 갚아나갔다.

우리 학교 신학생들은 참 가난했다. 우리도 식생활이 어려울 정도로 가난했지만 주님만 바라보면서 그들을 도왔다. 내가 어렵다고 남을 도울 계획조차 세우지 못한다는 것은 이 세상을 만드신 하나님을 믿지 못하는 불신앙이었다. 놀랍게도 대만 사람들의 물질이 들어오고, 한국에서 오는 헌금도 늘기 시작했다.

학생들을 도울 땐 이것저것 따지지 않고 무조건 돕는 것을 원칙으로 했다. 내 눈으로 볼 땐 이 학생은 게을러서 안 되고, 이 학생은 신앙이 부족한 것 같고, 저 학생은 도와줘도 소용이 없을 것 같았다. 학생들 가운데는 거저 얻어먹고 살기 위해 오는 사람도 있었다.
그러나 남편은 달랐다. 인간적인 눈으로 학생을 보지 않고 오로지 섬기고 사랑하고 겸손하게 감싸주었다. 우리의 판단이 아닌 도움이 필요한 학생이면 그냥 도왔다. 주님이 이를 기쁘게 받으셨다. 인간의 눈으로는 D학점도 아까운 별 볼 일 없던 학생들이 변화되면서 교회를 개척하고 성도들을 세워가며 기적 같은 일들이 일어났다.

어느 날, 한 학생이 불만 섞인 어조로 내게 말했다.
"사모님, 제가 잘 아는 친구 중에 정말 교회를 재미로 다닌 애가 있는데요, 글쎄 그 애가 신학교를 가겠다네요. 어떻게 말려야 하나요?"
난 자신 있게 대답했다.
"참 좋은 친구를 두었네요. 꼭 신학교에 갈 수 있도록 기도해주세요. 성령께서 친히 인도해 주실 것입니다."
성령님은 당신을 사랑하고 경외하며 섬기고자 하는 성도들을 능력

이상으로 성장시키시며 하나님께 영광 돌릴 수 있게 만드신다. 신학생들을 도우면서 배운 귀한 교훈이었다.

중국인 이해하기

대만에서 만난 사람들은 대부분 온순하고 사랑이 많으며 남에게 상처를 주지 않는 분들이었다. 나는 이들과 함께하면서 항상 행복했고 대만 사람들이 다 이런 줄만 알았다.

그런데 타이베이에서 유명한 대학을 나온 한 중년 아주머니가 우리가 이끄는 성경공부모임에 나왔다. 그녀는 걸핏하면 내게 시비를 걸었다.

"사모님, 신학 했어요? 무슨 자격으로 성경공부를 인도하세요?"

나는 성경공부모임은 신학을 가르치는 것이 아니고 하나님의 말씀을 우리 삶에 적용시키며 올바른 삶을 살기 위한 말씀공부라 특별한 자격이 필요한 것은 아니라고 대답했다. 그러나 성경공부를 이끌고, 주일학교 교재를 만들고, 신학생들 상담을 하다 보니 나도 전문적인 신학을 공부할 필요성을 느끼고 있었다.

"이제 당신이 신학을 할 때가 된 것 같습니다. 이번 학기부터 신대원에 입학하세요."

주변에서 내 신학경력에 대해 말들이 나오자 남편은 나를 신대원에 등록시켰다. 남편은 주의 일을 함에 있어, "은사에 따라 순종하는 것"을 중시했다. 아내인 내게도 집에서 살림만 할 것이 아니라 은사에 따라 동역자로 활동하기를 강조하였다.

신학을 하는 즐거움은 상상을 초월했다. 원래 나는 배우는 걸 좋아해 무엇이든 배울 기회가 있으면 열심히 배운다. 선교사의 아내로 일꾼처럼 현장에서 일만 하다가 대학원에서 강의를 들으니 평생 이렇게 훌륭한 교수님과 함께 하나님을 알아갈 수 있는 행복이 내게 주어졌으면 하는 바람이 생길 정도였다.

우리 신대원은 한국과 미국에서 훌륭한 교수님을 초빙해 여름방학과 겨울방학을 이용해 개설하는 계절대학원이었다. 홍콩과 말레이시아 등에서도 많은 목사님들이 재교육차원에서 우리 신학원에 입학했다. 그분들은 이곳에서 신학을 하면서 목회의 방향을 순수복음으로 전환하였다.

대만이 우리보다 훨씬 앞선 복음의 역사를 가지고 있음에도 기독교 인구가 턱없이 적은 것은 처음에 이곳에 복음을 전파한 선교사가 인본주의적인 신학을 했기 때문이라고 한다. 그러다보니 복음이 부흥하지 못하고 하나님의 역사가 쇠약해지는 결과가 나오게 되었다. 내가 직접 신학교에서 공부를 하다 보니 올바른 신학교 사역이야말로 올바른 신학자를 양성하고 올바른 지역사회의 복음화를 이룰 수 있다는 것을 깨닫게 되었다. 이런 이유에서 보수신학을 지키고 있는 한국 선교사들의 역할이 중요하다.

대만에 살면서 그들을 깊이 사랑하지만, 내가 이해할 수 없는 부분이 있었다. 중화신학(中華神學) 수업 시간에 중국의 생활환경이 중국 국민의 성격형성에 어떤 영향을 미쳤는가에 대한 연구(黃土高原)를 공부했는데 이는 내가 중국인들을 깊이 이해할 수 있도록 도와주었다.

요약하면 다음과 같다.

1. 근(勤): 과거 가난한 생활을 극복하기 위한 근면생활의 습관이다. 중국인들의 성격을 대표하는 용어다. 회사에 가보면 누가 사장이고 누가 종업원인지 몰라 볼 정도로 검소한 생활을 한다. 한번은 한국에서 오신 분들의 통역을 위해 대만 라이온스클럽에 간 적이 있다. 대만의 거부들인데도 옷차림은 시골에서 막 올라온 촌뜨기 복장이었다. 그에 비해 한국 사람들의 옷차림은 너무 화려했다.

2. 면(勉): 체면주의다. 동양사람, 특히 일본 사람이나 중국 사람들에게 많이 볼 수 있는 성격이다. 직선적인 한국 사람들이 볼 땐 도대체 마음에서 우러난 행동인지 아니면 위선인지 모를 때가 많다. 체면이나 목적을 위해 완벽하게 억지행동을 한다. 주변의 억압이나 교육의 영향으로 본의가 아닌 언행을 하는 것이다.

3. 인(忍): 오래 참는 것이다. 어쩌다 실수를 하여 "죄송합니다."라고 사과하면, 언제나 "별말씀을, 괜찮습니다."라고 한다. 그러나 이들 마음속에는 "인"을 깊이 간직하고 있다가 기회가 되면 잔인한 방법으로 복수를 하기도 한다. 그래서 중국인들에게는 "대를 잇는 복수문화"가 있다고 한다.

4. 검(儉): 절약과 검소는 중국사람 누구에게나 볼 수 있다. 전 세계에 퍼져있는 화교들의 경제력을 보면 알 수 있다. 중국인들에게 "돈 모아서 어디에 쓰려고 하느냐?"고 물으면 "죽어서 가져가려고 그런다."는 답이 나온다. 사후(死後)를 믿는 중국인들은 장례식에서도 죽은 사람을 위한 가짜 돈을 뿌리고, 무덤은 가정집을 축소한 것 같이 화려하게 꾸민다.

5. 보(補): 근검절약에서 나온 것으로 새것을 구입하는 것보다는 부족한 것을 보충하고 낡은 것을 보수하여 사용하는 정신이다. 이것이 지나쳐서 몸보신으로 발전하기도 했다.

6. 흘(吃): 먹고 마신다는 말이다. 참고, 절약하고, 형식적인 삶을 살다보니 인생의 기쁨을 먹는 것에서 찾게 되었다고 한다. 하늘에 나는 것은 비행기만 빼고, 땅 위에 있는 것은 책상 빼고 다 먹는다고 하는 것이 중국인들이다.

그러다보니 인간의 감정조차도 먹는 것에 비유하기도 한다. "사람에게 안 먹히기 위해 노력하고 애써야하며, 사람에게 안 먹힌 사람이 비로소 대단하고 굉장한 사람"이라는 말도 있다. "상대방을 잘 모를 땐 먹으면 안 되고, 모든 것을 잘 알고 익숙해졌을 때 상대방을 삼켜야 한다(이용하거나, 정복해야 한다)"는 표현도 있다.

7. 화합(和合): 우리말에는 "좋은 게 좋다"라고 하는데 중국 사람에게는 "많은 것이 좋다"가 있다. 그러다보니 서로 혼합된 것이 많다. 음식도 채소와 육류가 혼합된 요리가 많고, 종교도 이 신도 믿고, 저 신도 믿는다. 이것이 유일신인 기독교를 전하는데 큰 장애가 된다.

이밖에도 중국인들은 "관계성"을 중요시하는데 이런 특성을 잘 알고 복음을 전하고 기도하는 것이 우리 외국인 선교사들에게는 대단히 중요하다.

많은 선교사들이 현지인에 관한 정보가 부족해서 본인은 물론, 가족과 교회에도 큰 어려움을 끼치게 할 때가 있다. 선교사를 서원하는 주의 종들은 현지어 이외에 영적 싸움을 위한 준비, 그리고 현지인과 문화에 대해 지식을 많이 습득해서 주님의 복음을 가장 "맛있게" 전달하는 통로가 되어야 할 것이다.

나의 스승이 되어주신 성령님

나는 어려서부터 선생님 복이 많았다. 집도 가난한데 선생님들은 나를 예뻐하셨다. 발레부터 시작해서 운동, 과학, 글짓기, 미술, 연극, 노래 등을 다 학교에서 선생님들로부터 무료로 배웠다. 주일학교에서도 마찬가지다.

지금 선교지에서 갖가지 사역들을 감당하며 내가 왜 그렇게 특별한 사랑과 지도를 받을 수 있었나 알게 되었다. 바로 성령께서 선교사로 나가는 나를 위해 특별히 최고의 맞춤형 교육을 해주신 것이다.

한국에 있을 땐 무슨 고민이나 어려움을 상담해 줄 선생님과 친구들이 많았다. 그러나 선교지에서는 내가 다른 사람들의 문제를 들어주고 해결해 주어야 한다. 나보다 30~40세나 많으신 분도 내가 품어야 할 양이다. 심지어 아직 30대인 나를 자신의 엄마 같다며 부부싸움을 하거나 아플 때마다 찾아와 위로를 구하는 성도들도 있다.

객관적으로 볼 때 나보다 똑똑하고, 돈도 많고, 배경도 좋은 사람들을 지도해야 하는 선교사의 위치는 나에게 상당한 부담이 되었다. 대만 사람들은 한국을 자기나라보다 후진국이라고 생각한다. 그런 나라에서 온 가난한 선교사가 어설픈 중국어로 신학생들과 교인들을 돕고 가르친다는 것이 가능한 일인가? 나의 능력으로는 절대로 불가능했다. 내가 최고의 교육을 받을 수 있게 해주신 성령님께 매달렸다.

'주님 저의 멘토가 되어주세요. 제 스승이 되어주세요. 성도들을 올바로 인도할 지혜와 지식을 주십시오. 주님의 심장으로 이들을 대하게 해주세요.'

나는 무시로 기도했다.

인형극단을 세울 때도 주님의 지도하심이 있었다. 단원들은 나보다 나이가 많고, 서로 다른 가치관과 생활방식을 가진 대만 아주머니들이었다. 이 분들의 힘을 합해 한 팀이 되어야 했다. 기도할 때마다 주님이 지혜를 주셨다.

"을순아, 지도자가 되기 위해서는 첫째로 스스로에게 자존감이 있어야 한다. 자존감이 부족하면 다른 사람들이 너를 비판할 때 두려움을 갖게 되고, 너보다 잘난 사람에게는 질투심을 갖게 된단다. 타인의 비판이 두려우면 스스로 성찰할 수 없고, 그렇게 되면 성장할 수 없단다.

둘째는, 동역자의 은사를 발견해서 적재적소에 활용해야 하고 그분들이 스스로 성장할 수 있도록 도와주는 것이 진정한 리더란다. 거름을 주고, 가지를 쳐주어라. 나는 너 한 명이 큰일을 하는 것보다 연약한 자들이 힘을 모아 일하는 것을 좋아한단다.

셋째, 동역자의 단점은 침묵으로 기도하고, 장점은 앞에서 박수치며 칭찬해주어라. 그들을 높여주어라. 너는 그림자가 되고 그들이 빛나야 한다."

　주님이 주신 가르침을 따르려고 나는 애를 많이 썼다. 그러나 한 사람 한 사람을 섬기며 이해한다는 것이 잇몸이 헐고, 혀가 헐고, 목이 헐고, 위가 헐며, 돌을 씹어서 먹는 것과 같은 아픔이었다. 성령님의 진정한 감동이 없이는 한 영혼이 주의 영광을 체험하고 주의 일꾼으로 변화된다는 것이 얼마나 힘든 것인가. 내가 아닌 그리스도의 사랑과 인내와 죽음으로 뼈가 꺾어지고, 심장이 찢어지는 것 같은 고통을 견디며 한 영혼을 감동시킬 때, 비로소 그가 진정으로 거듭나게 되는 것이다.

　나는 이 세상에서 가장 겸손하신 예수님의 제자이기 때문에 나보다 잘나고, 부자이고, 능력있는 분들 앞에서 종의 일을 해도 영광으로 여겼다. 그들을 위해 음식을 만들고, 혼자서 설거지를 하고, 내일 생활비가 없어도 예쁜 장식이라도 만들이시 선물을 하고, 김치를 담가 주며 내 가족처럼 섬길 수 있었다.

　한 달란트였던 나의 은사가 선교사의 일을 하면서 점점 늘어났다. 꽃꽂이도 할수록 잘하게 되고, 못하던 중국요리도 할수록 맛이 있어져서 사람들의 사랑을 받게 되었다. 주를 위해 일하기를 사모하면 없던 은사도 생긴다.

　많은 성도들이 "나는 못한다, 나는 그런 은사가 없다."면서 주의 일을 회피한다. 이것은 하나님에 대한 모욕이다. 내 안의 성령님의 인도하심과 도우심을 무시하는 것이다. 우리 안에 있는 은사를 드러내 주께 영광 돌리기 원하시는 성령님의 존재를 잊어서는 안 된다.

　성령님의 가르침에 따라 내 자아를 묻어버리고 우리를 드러내고, 내 이름은 잊고 우리 이름을 빛나게 하려고 애를 썼다. 인형을 제작하고, 극을 쓰고, 단원들을 훈련하고, 이에 드는 모든 경비를 다 지불하면서도 나를 드러내지 않는다는 것이 쉽지 않았다. 쓸쓸하고 외로웠다. 그러나 주님은 내 머리로 상상할 수 없을 만큼 크고 좋은 것들로 채워주셨다. 내가 빛나게 해주었던 동역자들이 나를 기쁘게 해주었다.

선교사역에서 가장 중요한 것 중 하나가 동역자들이다. 현지의 동역자의 도움 없이 선교사역 자체가 불가능하다. 다양한 자질과 은사를 갖춘 그들은 공방의 도구들과 같다.

외로울 때 같이 울어주고, 부족한 언어에 도움을 주고, 어려울 때 나와 함께 금식기도를 해줄 수 있는 동역자!

나와 같이 전도를 다니고, 양들의 상황을 정직하게 전해주는 신실한 동역자!

성령께서는 내게 이런 완벽한 친구들을 보내주셨다. 내 선교사역의 가장 귀중한 보물들이며 자랑이었다.

3부
역경, 기적의 통로

대저 하나님께로서 난 자마다 세상을 이기느니라
세상을 이긴 이김은 이것이니 우리의 믿음이니라 _ 요한일서 5:4

IMF와 선교사들의 귀국

한국의 파송단체에서 선교비 사용내역을 보고하라고 할 때마다 우리는 참 난감했다. 방세와 전기세, 연료비를 내고 나면 한 푼도 남은 게 없었다.
"그러면 네 식구가 어떻게 먹고 살았나요?"
그 질문은 주님께 여쭈어봐야 할 것이다. 우리는 하나님이 주신 만나와 메추라기, 그리고 주님께서 보내준 까마귀들 덕분에 살았다.

1997년, 한국에 IMF가 터졌다. 그나마 오던 생활비가 삼분의 일로 줄어 들더니 나중에는 아예 멈춰버렸다. 대만에 있는 많은 선교사들이 술렁거렸다. 갑자기 닥친 생활고에 사모님들이 아이들을 데리고 한국으로 돌아가기 시작했다. 우리는 돌아갈 비행기 값이 없었다.
생활고는 참담했다. 방세는 밀리고 쌀은 떨어졌다. 나는 시장에 나가 버려진 채소를 주워왔다. 외국인 선교사에게 돈을 빌려줄 사람은 없었다. 막막한 우리 가족은 손을 잡고 기도할 뿐이었다.

　해외로 파송되는 선교사들 대부분은 교회나 단체, 또는 개인들로부터 재정후원을 받고 선교지로 나간다. 사역비는 현지에서 얼마나 많은 활동을 할 수 있는가를 결정한다. 선교지에서 적응을 마치고 본격적으로 사역을 시작하면 더 많은 선교비가 필요하다. 하지만 모국에서는 그렇게 생각하지 않는 분들이 많았다. 일정 기간이 지나면 스스로 경제적 독립이 가능할 것이라고 생각했다.
　"몇 년 만에 교회를 여러 개 개척하고, 학교를 세우고, 병원과 고아원을 설립했다."는 화려한 선교보고서는 사실 꿈에나 그리는 일이 될 수밖에 없다.

　우리 가족에게 파송단체는 있었지만 가난한 단체로 재정적 지원은 거의 없었다. 단지 단체에서 함께 했던 동역지들의 작은 후원금이 있었다. 정말 피같은 돈이였다. 우리는 선교비 일체를 스스로 마련해야 했다. 학생시절 같이 신앙을 키워온 몇 명의 동역자들이 가난한 자신들의 주머니를 털어 한 푼 두 푼 헌금해주는 정도였다.
　남편은 "주님이 계십니다."라고 하면서 오직 말씀에만 의지하여 용감하게 대만으로 왔다. 남편 성격 자체가 다른 사람에게 어려운 말하기를 싫어하며, 선교비로 교회를 방문하는 것조차 부담을 준다며 거부하는 사람이었다.

　그러던 어느 날 저녁이었다. 누군가 초인종을 눌렀다. 나가 보니 모르는 대만 사람 한 분이 서있었다.
　"여기가 한국인 선교사가 사는 집입니까?"
　그는 교회에서 기도를 하는데 갑자기 한국인 선교사를 도우라는 성령의 감동이 있어 물어물어 찾아왔다고 했다. 그는 옥수수 두 포대, 양배추 두 포대, 쌀 한 포대를 놓고 가셨다.

어느 날은 갑자기 미국에서 달러가 들어왔다. 미국에 사는 한국인 크리스천들이 대만에 있는 선교사들의 귀국을 막기 위해 하루 한 끼를 굶어가며 선교비를 모아 보내주었다. 감동의 소식을 전하며 눈물의 저녁식사를 했다. 그러나 이것도 몇 달이 못 가 멈추었다.

더 이상 견딜 수가 없었다. 기도와 회의 끝에 남편은 대만에 남고 나는 아이들을 데리고 한국으로 돌아가기로 결정했다. 그러나 생활비도 없는데 세 명의 비행기 표 값은 또 어디서 구한단 말인가.

나는 이스라엘 민족이 출애굽 할 때를 떠올렸다. 나는 주님께 세 사람의 비행기 표 값 이외에 한국에 돌아가 살 집과 복직할 때까지의 생활비, 거기에 타국 땅에서 고생할까봐 수시로 생활용품을 부쳐준 가족과 친구들에게 줄 선물까지 요구했다. 당당하게 기도제목을 벽에 써서 붙였다.

"주님 써놓은 것 보시지요? 제가 빈손으로 돌아가지 않게 해주세요."

귀국 일정이 잡히자 성도들과 대만의 친구들은 눈물로 우리와의 이별을 안타까워했다. 그리고 애굽인들이 출애굽 하는 이스라엘 사람들이 구하는 금, 은, 패물, 모든 것을 준 것 같이 우리 가족에게 넘치는 헌금과 선물을 주었다. 벽에 적은 생활비와 선물 모두 풍족하게 채워졌다.

우리를 전송하는 교인들이 대만공항에 가득 찼다. 무슨 유명한 사람이 출국하는 것 같이 우리 동역자들로 북적댔다. 다시 대만으로 돌아올 수밖에 없도록 교인들은 우리에게 풍성한 사랑의 빚을 안겨주었다. 한국에서 올 때 공항에는 아무도 없어서 쓸쓸했던 것과는 너무도 차이가 났다.

한국에 도착해 복직을 했다. 하루에 두 번 버스가 다니는 파주로 발령이 났다. 남편에게 선교비를 보내고 두 아이들을 양육해야 하는 형편이라 파주의 낡은 집 방 한 칸을 월세로 얻었다. 밤마다 세 식구는 아빠와 대만을 위해 기도했다. 쥐가 우글거리는 그 집이 가장 무서웠다고 우리 아이들은 아직도 말한다.

IMF가 끝날 때까지 이년 반을 한국에서 지내고 우리는 다시 대만으로 들어왔다.

사랑의 빚을 갚기 위해서.

여호와 라파

초등학교 3~4학년 때쯤이었다. 누가 나를 교회로 인도했는지 기억나지는 않지만, 난 어른들 부흥회에 갔었다. 거기서 성령을 받아 한나절을 울며 뒹굴고 회개하고 기도했다.

그 날 이후 초등학생인 나는 한 시간씩 걸어서 밤 예배, 새벽 예배 모두 참석했다. 어머니와 동생에게 전도를 하고, 매년 크리스마스에는 전도상과 출석상, 요절 암송상 등을 휩쓸었다. 딱 하나 헌금상만 빼고.

내 꿈은 한국의 페스탈로치가 되는 것이었다. 고아들과 갈 곳 없는 노인들을 위해 아름다운 마을을 꾸미고 싶었다. 그러기 위해 내가 먼저 훌륭한 사람이 되고 싶었다.

우리 언니는 태어나서부터 이름 모를 병에 걸려 죽어가고 있었다. 부모님은 언니를 살리기 위해 온갖 노력을 다하셨지만, 낫지 않고 빚만 쌓여갔다. 내가 중학교 일학년 때 언니는 천국에 갔다. 부모님은 한 달이 넘도록 식사를 거르시며 슬퍼하셨다.

나는 부모님을 기쁘게 해드리려고 공부를 열심히 했다. 좋은 성적표를 갖다 드려 엄마의 웃음을 되찾게 해드리고 싶었다.

중2때 학교 근처에서 자취를 했다. 새벽까지 공부하고 4시가 되면 새벽 예배에 나갔다. 제대로 밥도 못 먹어서 그런지 빈혈 증세가 생겼고, 온몸은 피부병에 걸려 고름과 딱지로 뒤덮였다. 나중에 병원에 갔으나 이미 만성이 되어버려 고칠 수가 없었다. 나는 수영장도 목욕탕도 못 가는 사람이 되었다.

대학을 졸업하고 나는 광주 고아원의 보모로 들어갔다. 하루에 한 리어카씩 빨래거리가 나왔다. 이것을 싣고 냇가에 가서 방망이질을 해서 널었다. 청소와 밥 수발에 13명 아이들의 엄마가 되어야 했다. 나의 몸은 성한 곳이 없었다. 그래도 난 그곳이 주님이 계시는 천국 같아 보였다.

대학부설유치원으로 직장을 옮겼다. 교수님들의 신뢰와 기대에도 불구하고 이 직업은 내 길 같지 않았다. 1년 만에 다시 장애아 조기교육센터로 가게 되었다. 낮에는 아이들을 가르치고, 밤이면 아이들 목욕 시키고, 밥도 같이 먹고, 잠도 같이 잤다. 아이들의 고통을 마치 내가 다 감당하듯 감정조절을 못하고 몸을 혹사시킨 것 같다. 이곳에서 나는 협심증까지 얻게 되었다.

결혼과 함께 순위고사를 치르고 이제 좀 편한 직업을 갖나보다 했다. 그러나 교육청에서는 내가 순위고사 최우수성적으로 합격한 교사라면서 2년간 연구수업을 맡겼다. 5시간이나 걸리는 왕복 출퇴근에 밤이면 남편의 대학생 선교활동을 돕고 아이까지 키우는 내 삶은 쉼과는 거리가 멀었다.

선교사로 대만에 온 다음, 종합병원처럼 병이 많은 나에게는 대만의 습하고 더운 날씨가 맞질 않았다. 심장이 터질 것 같았고 혈압이 최저 40, 최고 60까지 떨어졌다. 허리 통증까지 심했다. 문제는 내 성격이었다. 아프면 쉬어야 하는데 쉬지 않고 일만 했다.

"아이구 허리야, 아이구 어지러워."

일어날 때마다 이 말이 입에 붙었다.

매주 교회에서 독창을 하는데 과로로 인해 목소리가 많이 잠겼다. 아무리 발성연습을 해도 목소리가 터지지 않는 날은 정말 난감했다.

주 중에 인형극 공연을 하고, 성경공부를 인도하고, 학생들 전도하러 다니다 보면 주일에 주님을 찬양 할 목소리가 남아있질 않았다.

어느 날, 교회의 천 전도사님이 나를 부르셨다. 이분은 한의사로서 전도사는 봉사직으로 하고 있었다. 천 전도사는 목소리가 나오지 않으면 언제라도 자기를 부르라고 했다. 그분이 놓아주는 침을 맞자 곧바로 목소리가 터졌다. 그분은 무료로 경락과 침술을 가르쳐주겠다고 했다. 바빠서 그분의 강의를 다 들을 수는 없었지만, 나는 마사지와 혈도에 대해 약간의 지식을 갖게 되었다.

허리 통증은 갈수록 심각해져 눕는 것도 어려웠다. 내가 허리를 손으로 툭툭 치는 것을 본 집사님 한 분이 자기가 치료해줄테니 오라고 했다. 그는 하수구 수리에, 레크리에이션 강사에, 국술원을 하시는 분이었다.

그분 역시 특이한 경력이 있었다. 교통사고로 도로에 쓰러진 그의 위로 차가 지나가면서 배가 다 터졌다고 한다. 병원에서는 어차피 죽을 사람이라면서 내장을 넣고 그냥 꿰맸다. 그러나 그는 의식불명인 상태에서 천사들이 자기 배를 꿰매는 것을 봤고 신기하게 다시 살아서 하나님을 믿게 되었다. 그 후 그는 사람을 보거나 만지면 어디가 아픈지 알게 되었다.

대만을 방문하셨던 나의 친정아버지 얼굴만 보고 위암과 간암 초기라고 했다. 아버지가 한국에 돌아와 검사를 해보니 역시 위와 간에 암이 있었다. 아버지는 조기에 모두 치료를 할 수 있었다.

그분의 도움으로 나는 남들 못지않은 튼튼한 허리를 갖게 되었다. 그분은 나에게 자신이 하는 경락수업을 청강하게 해주었다. 선교사가 의술이 있으면 선교에 도움이 될 거라면서.

허리의 통증도 낫고, 목소리 문제도 해결되었는데 저혈압은 아직 심각했다.

하루는 남편이 선교여행을 떠나고 내가 새벽 예배를 위해 교회 문을 열어야 하는데 손가락 하나 까딱할 수가 없었다. 의식도 가물가물했다. 새벽에 종종 일어나던 저혈압 증세였다.

남편이 옆에 있으면 부엌에 가서 포도주에 얼음을 타서 내 입에 넣어주는데, 이 날은 남편도 없고 아이들을 깨울 수도 없었다.

"사모님 문 열어주세요."

밖에서는 성도들이 외치는데 나는 꼼짝할 수가 없었다.

'주님, 문을 열어주어야 합니다. 성도들이 밖에서 기다리는데…….'

결국 성도들은 교회 문 앞에서 기도를 하고 돌아갔다.

두 시간 가량이 지난 뒤 난 겨우 일어났다. 아래층으로 내려가 보니 말레이시아에서 우리 신학대학원에 공부하러 오신 목사님 한 분이 아직도 기도 중에 있었다. 목사님은 내 창백한 얼굴을 보고, "어디 아프세요?"하고 물었다.

"제가 심장이 약하고 저혈압인데 오늘 너무 심해서 내려올 수가 없었어요."

"사모님, 정말 사모님은 하나님께서 사랑하시는 분입니다. 제가 여기 오기 전에 대륙에서 경락을 배우고 그 자료가 담긴 DVD를 가지고 왔습니다."

목사님은 즉시 내 혈도를 눌러주셨다. 온 몸에 전율이 오면서 금방 혈색이 살아났다. 그 후로 난 열심히 이 혈도를 눌러서 저혈압을 고칠 수 있게 되었다.

이번에는 손에 문제가 생겼다. 주일학교 교재를 만들고, 김치사역을 하고, 인형극 제작을 하다 보니 내 손은 쉴 틈이 없었다. 손목에 조그만 혹이 나더니 동전만큼 커지면서 신경을 눌렀다. 밤에도 통증 때문에 잠을 잘 수 없었다. 의사들은 손을 사용하지 않는 게 가장 좋은 치료라고 했다.

그러나 상황이 그럴 수가 없었다. 설거지도 할 수 없어 남편이나 신학생들이 우렁각시들처럼 몰래 싱크대에 쌓인 설거지를 해주었다.

나는 "주님, 저를 사용하시려면 치료해주시고, 저를 편히 쉬게 하시려면 그냥 두셔도 좋습니다."고 배짱 좋게 기도했다.

우리 교회에 다니는 쉬 한의사에게 내 사정이 알려졌다. 그는 내가 자기를 찾지 않은 것이 섭섭하다면서 내 팔뚝을 만져주었다.

"이제 사라질 것입니다."

정말 삼일 후 손목의 커다란 혹이 사라졌고, 통증도 없어졌다.

쉬 한의사는 경락에 관한 책을 쉽게 엮어서 하나님께서 알려주신 경락의 신비를 많은 사람들에게 숨김없이 전파하는 것을 소명으로 삼고 있었다.

나는 하나님이 보내주신 분들의 의술로 낫게 되었다. 나는 선교사로 오길 잘한 것이다.

할렐루야! 여호와 라파, 우리 하나님 최고!

무시 받을 기회를 주셔서 감사합니다

한국의 친절한 문화에 젖어서일까? 도대체 이해할 수 없는 곳이 대만의 우체국이다. 잔잔하던 마음이 그곳에만 가면 파도가 일고 부글부글 끓어오른다.

어쩌다가 소포에 쓰는 중국어가 생각나지 않아 우체국 직원에게 물어보면, 대답은 커녕 나를 위 아래로 훑어보다가 완전 무시하고 제 할 일만 하던지, 아니면 옆에 있는 손님을 손가락으로 가리킨다. 저 사람에게 물어보라는 뜻이다.

한번은 딸아이의 모아둔 세뱃돈을 찾기 위해 우체국에 갔다. 우리는 외국인이라 준비할 게 많았다. 도장, 신분증, 패스포트 등등을 다 보여줬더니 외국인은 세금계산이 복잡하니 다른 곳으로 가보라고 한다. 불친절, 무뚝뚝, 도도한 자세였다.

미국인 친구와 함께 소포를 부치러 우체국에 갔다. 의자와 엉덩이가 아주 붙어있는 사람인 줄 알았는데, 미국 사람이 들어서자 그 우체국 직원은 갑자기 환한 웃음까지 지으며 벌떡 일어나 인사를 했다.
"하우 아 유, 글래드 미트 유."

어느 날엔 미국인 친구가 커다란 소포를 우체국에 실어달라고 해서 같이 갔는데 주차할 곳이 없어 영어쓰기 좋아하는 우체국 직원에게 친구를 맡기고 먼저 돌아왔다. 2시간이나 지나서 집에 돌아온 미국 친구는 얼굴이 빨개지도록 흥분된 상태였다.

자기가 보낼 소포의 크기가 너무 커서 우체국 직원들이 자기들 퇴근시간을 30분이나 늦춰가며 큰 소포를 분해해 다시 싸주기까지 했단다.

"너무 친절하게 해줘서 내가 미안하다고 했더니, 당연히 자신들의 할 일이라고 하면서 괜찮다고 하더라고요."

그 말을 듣는 순간 열이 불끈 올랐다. 대만 사람들이 미국 사람을 좋아하는 건 알고 있지만 그래도 이건 너무하지 않은가?

"참, 우체국 직원이 다음 주에 우리 영어 성경공부모임에 참석한대요."

미국 친구는 한 사람을 전도했다는 기쁨에 어쩔 줄을 몰라 했다.

"부디 친절하게 대해 주세요."

물론이다. 야무지게 잘해 줄 예정이다. 그래서 감동을 시켜야한다. 감동 외에는 약이 없다. 그래도 마음 한 구석이 씁쓸해서 주님께 기도를 했다.

"주님, 저 좀 위로해 주세요."

이스라엘 땅에서 자기 백성에 의해 십자가에 달리신 주님이시다. 구원해주려고 이 땅에 오셨는데 백성들은 도리어 그를 배척했다. 예수님을 생각하면 이 세상에 못 참을 모욕은 없다.
"만왕의 왕은 이보다 더 심한 대접을 받았는데 이 정도면 양반이지. 주님, 무시 받을 기회를 주셔서 감사합니다."

하나님께 쓰임을 받는다는 것

한국에서 왔다고 하면 대만 사람들이 꼭 물어보는 말이 있다.
"조용기 목사님 아세요?"
우리 같이 대학생 선교단체에서 파송된 선교사, 특히나 내놓을 만한 큰 액수의 헌금뭉치가 없는 가난한 선교사들은 명함 하나 건네기 어려운 것이 대만의 기독교문화다. 어느 땐 기를 죽일 만큼 자존심을 상하게 하는 교인들도 있다.

병 고치는 은사나 예언의 은사도 없이, "네가 하는 중국어가 좀 이상해."하고 비웃는 사람들에게도 웃는 얼굴로 "죄송합니다."하며 전도를 한다. 얼굴에 철판을 깔고, 한 손에는 말씀의 씨앗을 들고, 자신 있고 사랑이 넘치는 평화의 사자같이 외친다.

"예수님 믿으세요. 예수 안에 영생이 있습니다. 우리 하나님만이 참 신이십니다."

"무슨 일을 해야 주의 이름을 전파할 수 있을까?"

선교사라면 누구나 하는 고민이다. 사실 선교지에서 가진 것도 없이 열심과 믿음만으로 주의 일을 한다는 것이 쉽지 않다. 나 역시 무엇으로 주의 이름을 전할 것인가 고민하고 기도하다가 "내가 잘 할 수 있는 것"으로 선교를 시작했다.

시원치 않은 중국어로 아이들 앞에서 성경동화를 들려주고 종이접기를 가르치자 딸아이가 엉엉 울며 말했다.

"엄마 발음이 이상하다고 애들이 놀려. 제발 학교에 오지 마세요."

성경을 잘 외우거나, 색종이를 잘 접은 학생에게 상품으로 주는 학용품을 보고 화를 낼 때도 있었다.

"엄마, 왜 내 학용품을 나를 놀리는 애들에게 주는 거예요."

그러나 삼년 동안 묵묵히 초등학교를 찾아다니며 성경 동화와 색종이접기 교실을 하다 보니 이제는 여러 학교에서 강의료를 줄테니 제발 와달라는 청을 받고 있다. 처음에는 교사들의 아침회의 시간에만 들어와 가르칠 수 있다는 조건 하에 시작된 것이 이제는 정규 수업시간에도 가르친다.

내가 사례비를 받지 않는다고 하니까 어떤 선생님은 따로 헌금을 하기도 한다.

하나님께 쓰임 받는다는 것이 얼마나 영광스런 들림인가. 주님은 절대 나를 손해 보거나 낮추지 않으신다. 주를 위해 땀 흘리고, 주를 위해 물질을 드리고, 주를 위해 인내하면 헌신한 자녀들을 영화롭게 해주시고 부하게도 해주시는 우리 하나님!

내가 이렇게 초등학교에서 활동을 한 것은 다 이유가 있다. 대만의 불교단체에는 초, 중, 고등학교, 대학교, 사회단체를 위해 설계된 고급 교육프로그램이 많이 있다. 우리가 일을 하지 않으면 불교단체사람들이 와서 대만의 아이들을 불교사상으로 물들일 것이다.

이를 깨닫게 된 슈쩬과 루이가 결심을 하고 초등학교에 가서 성경동화와 종이접기를 가르치기로 했다. 내가 그동안 연구하고 개발한 프로그램들을 가르쳐주었다.

부디 대만 학교에 개방된 아침 자율학습시간을 이용한 이 사역이 대만의 아이들을 복음화하고 기독교문화를 형성해가는 데 크게 쓰임받기를 기도한다.

잊어버릴 수 있는 것도 축복이다

우리가 돕던 유학생 중에 나를 잘 따르던 자매가 있었다. 이 자매는 대만교회에 다녔는데 어느 날 주보를 가져와 자기 교회에서는 한국의 유행가나 민요를 찬송가 가사로 바꿔 부른다고 자랑을 했다. 주보를 보니 그 교회는 한국에서 온 이단이었다.

내가 그 교회는 이단이니 다른 곳으로 옮길 것을 권했다. 그 자매는 오히려 우리가 이단이라며 유학생들에게 우리 험담을 하고 다녔다. 그토록 사랑을 쏟았던 자매에게 돌팔매질을 당하면서도 우리는 조용히 맞고 견딜 수밖에 없었다. 어린 여학생과 맞서 싸울 수가 없으니 그저 기도만 해야 했다.

얼마 후, 이 여학생은 한국 남학생의 장학금을 가로채기 위해 거짓말을 하고, 일본 유학생 행세를 한 것이 들통이 나 결국 언어중심에서 자취가 사라졌다.

이 자매로 인한 상처가 채 아물기도 전에 사람으로 인한 시련이 또

닥쳐왔다.

우리가 다니던 언어중심에 중국어를 아주 잘하는 한국인 아주머니가 입학을 했다. 이 분은 독일에서 유학을 하던 중 대만 남자를 만나 결혼한 사람이었다. 교회 집사이기도 한 이 부인은 나에게 얼마나 잘 해주시는지 마트에 갈 때도 BMW를 몰고 와서 나를 데리고 다녔고, 가오슝에 있는 많은 한국 아주머니들을 소개해주었다.

이 분의 문제는 대만에 사는 자신이 알고 있는 모든 선교사들을 평가하고 비난하는 것이었다.

"사모님은 검소하고 열심히 사는데, 가오슝에 있는그 사모님은 사역도 안 하고, 중국어도 안 배우고 왜 왔는지 모르겠어요."

선교사는 거지처럼 살아야 정석이라며 말도 안 되는 소리로 선교사들을 헐뜯었다.

나는 점점 이 분을 감당하기 어려웠다.

어느 순간부터 절대로 먼저 연락하지 않았다. 일이 있어 만날 때도 "예", 아니면 "아니오"로 대답만 했다.

그러던 중 가오슝에 있는 어떤 선교사님에게 전화가 왔다.

"사모님 지금 가오슝에서 사모님에 대한 안 좋은 얘기가 돕니다. 이곳 한국 아주머니들이 화가 많이 나있으니 말 조심하셔야겠어요."

알고 보니 이 아주머니가 자신이 했던 말을 마치 내가 한 것처럼 옮기고 다녔던 것이다.

그렇다고 내가 잘 알지도 못하는 분들을 찾아다니면서 일일이 해명을 할 수도 없었다.

억울하고 속이 상했다. 한 달을 불면증에 시달렸다. 내가 잘못이 없는데 잠을 못자고 괴로워한다면 이것은 사단에게 지는 것이었다. 이 일은 분명 우리 사역을 방해하는 사단의 장난이었다. 사람에게 질 수는 있어도 사단에게 질 수는 없었다.

밤을 꼬박 새워가며 기도에 매달렸다.

"내 하나님의 전과 그 모든 직무를 위하여 제가 행한 선한 일을 도말하지 마소서."

예민하고 완벽주의자 같은 내 성격을 위해서도 기도했다.

"제발 제 성격을 바꿔주세요. 이번 일을 훌훌 털고 잊어버리게 해주세요."

동이 터오고 온 힘이 다 빠져나간 것 같았다. 머리가 맑아지면서 기분이 좋아졌다. 그리고 기억상실증에라도 걸린 것처럼 그 아주머니 이름조차 떠오르지 않았다.

한 달쯤 지나서였다. 어떤 한국 아주머니로부터 전화가 왔다.

"사모님 죄송합니다. 저희가 오해했어요. 알고 보니 그 여자가 우리에게 했던 말이 다 거짓말이더라고요. 친정얘기도 거짓말이고요. 이혼까지 했는지 다른 남자와 돌아다닌답니다."

나는 김아무개라는 그 여자가 누군가 한참을 생각해야 했다.

"아, 그 아주머니!"

뒤늦게야 누군지 생각이 났다. 나는 아무 변명도 하지 않았다. 오해가 풀렸으면 된 일이었다. 지금도 그 아주머니의 성이 김씨라는 것 외엔 아무 것도 생각나지 않는다.

주님께서 내게 '잊어버릴 수 있는 축복'을 주신 것이다.

성도들을 온전하게 하다

주일에 성도들이 앉는 자리가 텅 비어있는 날이 있다.
"아하! 오늘이 그날이군."
역시 담임목사님 좌석이 비어있다. 출장 가시는 날이다.
가끔 혼동이 온다. 대만의 교인들이 주일에 예수님께 예배드리러 오는 것인지, 아니면 담임목사님을 만나러 오는 것인지 하고.

에덴교회 장찐지 목사님은 대만에서 초교파로 교회를 세우고 한국과 일본의 도움을 얻어 신학교를 세운 세계적으로 대만을 대표하실 정도로 유명하신 분이다. 그럼에도 겸손한 태도로 성도들을 섬기는 모습에서는 예수님의 향기가 난다. 아무 힘도 없는 가난한 외국인 선교사인 남편이 해외선교에 나가는 날이면 새벽이든 한밤 중이든 직접 공항으로 나오셔서 배웅하시고 마중을 나오신다.
이렇게 훌륭한 인격을 지니신 목사님이시라 그런지 많은 교인들이 가정사와 사업에 문제가 생기면 예수님께 기도하기보다 먼저 목사님을 찾아온다. 부목사나 전도사, 혹은 우리 같은 선교사들에게는 의논하지 않는다. 연로하신 목사님이 온 교인의 문제를 떠안고 계신다. 목사님에겐 교인들이 알지 못하는 지병도 있는데 온통 목사님께 매달리는 것은 문제가 있었다.

 우리가 교회에서 성경공부 모임을 만들겠다고 했더니 담임목사님이 우선 한 두 가정을 해보라고 떼어주셨다. 아마도 우리가 중국어도 잘 못하고 혹시나 실패하면 양을 잃어버릴까 염려하신 것 같았다.
 그러나 우리는 능력주시는 자 안에서 모든 것을 할 수 있느니라! 하신 말씀을 따라갔다.
 성경공부를 인도하는 우리 부부가 중국어는 잘 못하는데 이상하게 모임에는 은혜가 넘쳤다.
 한 가정이 두 가정이 되고, 네 가정이 되고 나중에는 고정으로 참석하는 가정이 20가정이 넘어섰다. 등록된 가정만 40가정이 되었다.
 우리가 한국을 방문하려고 하면 아르바이트를 하고 주식을 팔아서라도 비행기 값을 대주는 자매, 딸에게 물려주려고 아껴둔 차 세트를 선물하라고 내어주는 친구들, 우리가 외로울까봐 휴일을 우리에게 할애하는 가족 등등, 디모데 모임은 내 형제들보다 더 깊은 사랑과 우정을 나누는 사이가 되었다.

 그러나 하나님은 내게 이렇게 말씀하시는 것 같았다.
 "내 양을 치는 거니, 아니면 네 양을 만들어가는 거니?"
 주님의 양을 만들어야지 내 벗을 만들어서는 안 되는 것이었다.
 디모데 모임을 다시 개편하기로 했다. 우리에게 의존하는 게 아니라 대만 교인들이 스스로 설 수 있도록.

서로 친구를 맺어주고, 기도의 망을 구성해서 서로에게 관심과 중보기도를 할 수 있도록 연결을 시켜주었다. 수족을 잘라내는 것 같은 아픔이 있더라도 각 사람에게 신앙의 걸림돌이 되는 부분은 과감하게 지적도 하고 권면도 했다. 이것이 중국문화에서 얼마나 큰 도전과 십자가를 지는 일인가를 누구보다 잘 알지만 그래도 해야 하는 일이었다.

제일 먼저 남의 말을 하기 좋아하는 메이번 자매에게서 반응이 왔다.
"우리처럼 직장생활에 가정이 있는 성도들을 위로는 못해줄망정 소화도 못 시키는 성경공부에 기도회에 심방까지 하라구요?"
그녀는 동역자들을 요동시키기 시작했다. 나의 가장 친한 친구이면서도 아직 주일 예배조차 제대로 드리지 않는 수웨이가 제일 먼저 넘어갔다. 수시로 우리 집에 드나들더니 발걸음이 눈에 띄게 줄어들었다.
성경공부를 강조했더니 평소에 반장하기를 좋아하는 방친이 자기가 인도하겠다며 구약학을 가르치겠다고 나섰다. 자기 신앙조차 지탱하기 힘든 자매가 말이다. 마치 사람의 궤술과 간사한 유혹에 빠져 모든 교훈의 풍조에 밀려 요동하는 어린아이들 같았다(에베소서 4:14).

나는 신앙의 선배들에게 내 연약함을 고백하고 도와달라고 했다. 사랑 많고 일하기 좋아하는 황선생님이 가장 다루기 어려운 메이번과 방친을 돕겠다고 나서주었다.
우리는 시간이 날 때마다 일대일 만남과 기도를 통해 각 사람의 은사를 찾아주고 계발하려고 노력했다.

평소 만들기에 소질이 있으나 내성적인 성격 탓에 자신의 달란트를 땅에 묻어두었던 루이에게 주일학교 교사를 맡겼다. 수줍음이 많았던 그녀는 이제 혼자서 주일학교를 이끌 정도로 성숙했다.

수쩬이 자신의 화장품가게를 기도처와 모임을 위한 연락처, 전도를 할 수 있는 장소로 내놓았다. 루이는 그 바쁜 가운데 나의 심방 동역자로 나서주었다. 남편과 이혼을 고려하던 위혜가 우울증에 걸린 마리의 집을 방문하고 나서 마음이 달라졌다. 남편을 이해하고 가정을 위해 헌신하는 것이 여자들에게 주신 하나님의 뜻이라는 것을 깨달았다고 한다. 그녀는 디모데 모임에 참석해 성경을 공부하고 인생과 가정, 그리스도 안에서의 성도들의 모임의 중요성을 알아갔다. 위혜는 불교에 심취해 있는 마리에게 전도를 하기 시작했다.

비슷한 처지의 두 사람은 아름다운 위로를 나누며 힘을 얻어갔다.

순간순간 지혜가 부족하고, 믿음이 부족하여 교만함과 자아가 드러나 머리이신 그리스도를 잊을 때가 얼마나 많은가. 그러나 때가 되면 주님은 우리를 말씀으로 다시 일으켜주신다.

각 지체가 자신의 분량대로 살면서 봉사하고 그리스도 안에서 성장하는 것이 얼마나 아름다운가. 눈물과 땀을 닦으며 주님의 사랑과 지도자의 사랑과 각 성도들의 사랑이 서로를 세워준다는 교훈을 다시 배우는 선교사의 생활이 나는 자랑스럽고 감사하다.

불평의 원인

타이베이의 큰 교회에서 타이난의 작은 우리 교회로 이사를 와 일년 반 동안 불평만 하고 많은 성도들 가슴에 상처를 주던 방친이 결국 교회를 떠났다.

다른 교회에 가서 잘해보겠다며 우리 교회 자료들을 다 달라고 해서 챙겨줬다.

내 힘으로 어쩔 수 없는 자매인 방친을 하나님께 맡기고 일주일을 금식기도를 했다. 토요일까지 응답해 주실 것을 믿으며 매달렸다. 너무 많은 자매들이 방친으로부터 상처 입고, 모임을 떠나고, 교회의 권위가 한없이 추락하는 것을 보고만 있을 수가 없었다.

토요일이 되었다. 한 자매로부터 방친이 교회를 옮기기로 했다는 소식을 들었다.

"주님, 이것이 당신의 응답입니까?"

가슴이 허전하고 마음이 텅 빈 것 같았다. 속을 썩이던 자매였지만 막상 교회를 옮기니 마음이 편치 않았다. 양을 끝까지 책임지지 못한 목자의 아픈 심정이었다.

이런 내 마음을 아신 걸까?
신학교에서 수업을 받는 중에 교수님들로부터 이런 성도들에 대해서 강의를 해주셨다.
"성도와 성도의 관계도 중요하지만, 성도와 하나님과의 관계가 더 중요하기 때문에 교회 안에서 감당하지 못하는 성도는 개인적인 신앙차원에서 그 사람에게 알맞는 다른 교회로 가게 해서 하나님과의 진정한 관계형성을 할 수 있도록 도와주어야 합니다."
부디 방친이 옮겨간 교회에서 은사를 발휘해 하나님과의 관계를 올바르게 세웠으면 하는 소망을 품기로 했다.

디모데 모임을 하면서 "인생의 목표"에 대해 나누는데 열심히 신앙생활을 하는 성도들조차 불평과 불만이 많았다. 다른 성도들이, 또 교회가 할 바를 하지 않는다는 비판이었다.
'조용히 자기 은사대로 할 일을 열심히 하면 되지 왜 이렇게 불평하기를 좋아할까?' 하는 의문이 들었다. 문득 저분들이 크리스천으로서의 성취감과 재미를 느낄만한 것이 없는 게 아닐까 하는 생각이 들었다.
하나님을 위해서, 복음을 위해서라면 심지어 단돈 백 원 쓰기도 아까워하는 메이번 자매조차 돈이 모아지면 사회를 위해 선한 사업을 하고 싶다는 발표를 한다. 그렇다면 목회자가 이런 이상들을 실현할 수 있도록 도와주어야 하지 않겠는가.
갑자기 가슴이 뜨거워졌다. 남편과 함께 기도하면서 "베풀기 프로젝트"를 하기로 했다.

성도들이 불평이 많은 이유는, 나누어줄 줄을 모르기 때문이었다.

항상 우리 교회가 부족하다고 여기는데 그럼에도 불구하고 이제부터는 풍족하다, 넉넉하다, 감사하다고 하면서 나누어주는 법을 가르쳐야 했다.

구체적으로 계획을 세웠다. 우선 타이난에서 한 시간 거리의 미자립교회를 돕기로 했다. 물질로도 돕고, 한 달에 한 번씩 찾아가 주일학교나 전도대회 등을 주관해 주기로 했다. 작은 교회의 작은 성경모임인 디모데가 지역사회선교와 대만선교, 세계선교를 할 수 있다는 비전을 갖고 기초훈련을 받을 수 있도록 하는데 목표를 두었다.

모든 회원들이 동참해 주인의식을 가질 수 있도록 우리가 먼저 기도하고 금식기도 팀에 기도를 부탁했다. 임원회의에서 회원들 스스로 미자립 교회를 찾아보고 도울 계획도 세우도록 격려했다.

이를 위해 한 달 동안 베풀기 훈련과정을 세웠다. 교회의 주일학교 교사 식사 대접과 위로회 갖기, 중국 운남 선교사 선교자금 마련과 위로모임, 교회 부흥회 강사 음식 대접 등등이었다.

한국교회 교인들은 영광으로 생각하는 식사 대접을 대만교인들은 "교회가 헌금은 어디다 쓰고 내가 왜 그런 일을 하지?"하는 은혜롭지 못한 생각들을 많이 한다.

어쨌든 그동안 디모데 모임을 하면서 서로 식사 대접을 해서 그런지 이번 봉사 프로젝트는 모두 잘 감당해 주었다.

크리스천의 믿음이 성장하려면 작은 것부터 베풀고 섬기고 희생하는 훈련이 필요하다.

후일담 한 가지. 몇 년 후 내가 한국에 돌아와 백혈병으로 투병생활을 하고 있을 때 우리 곁을 떠났던 방친 자매에게서 편지가 왔다.

"그동안 제가 속을 너무 많이 썩혀드려 사모님이 병이 나신 것 같습니다. 이제야 하나님의 은혜를 깨닫고 그것을 알게 되었습니다."

　방친 자매도 뇌종양에 걸려있었다. 사이가 나빠 헤어졌던 남편이 돌아와 그녀 곁을 지키고 있다고 했다. 가난하고 병까지 든 방친이 봉투 안에 큰 액수의 헌금을 넣어 보냈다.

　나는 눈물로 그 헌금을 받았다.

　"주님 이 연약한 여인의 회개와 기도를 받아주소서."

하물며 너희일까 보냐!

학교에서 돌아온 아들 녀석이 오자마자 냉장고를 뒤지며 초콜릿을 달라고 보챈다. 아무리 없다고 해도 막무가내다.

"초콜릿… 초콜릿…"

그 때였다. 똑똑 노크소리가 나면서 평소에 우리 아이들을 예뻐하던 신학생 자매가 커다란 초콜릿을 들고 들어왔다.

"이거 맛있는 미국 초콜릿이에요. 애들 주세요."

이렇게 빨리 요구사항을 들어주시는 주님.

"오늘 있다가 내일 아궁이에 던져지는 들풀도 하나님이 이렇게 입히시거든 하물며 너희일까보냐 믿음이 작은 자들아" (마태복음 6:30)

아들의 입이 대문짝만하게 벌어진다. 다민이는 누나 오면 같이 먹겠다고 초콜릿을 냉동실에 넣어두면서 펄쩍펄쩍 뛰며 좋아한다.

그 다음날이었다. 이번에는 딸 다솜이가 굴탕이 먹고 싶다고 투정을 했다.

"엄마, 나 굴탕 끓여주세요. 굴탕 없으면 밥 안 먹어요."

한번도 끓여준 적이 없는 굴탕을 어디서 만들어내란 말인가. 다솜이는 나한테 잔소리만 잔뜩 듣고 학원으로 쫓겨 갔다.

이 밤에 시장에 가서 굴을 사다가 끓여줄까 하다가, 그 돈이면 다른 생활비에 써야지 하면서 마음을 접는데 밖에서 우리를 부르는 소리가 났다.

"박 목사님, 박 목사님!"

우리 친정엄마 같으신 교회 할머니셨다. 그 와중에도 사모님 폼을 내느라 부랴부랴 외투를 걸치고 내려가 보니 비닐봉투에 든 것을 쑥 내미셨다.

"굴이 신선해서 사왔어요. 맛있게 드세요."

할머니는 오토바이를 타고 휭 하고 가버리셨다.

굴 봉투를 드는 순간 떠오르는 성경구절!

"그러므로 염려하여 이르기를 무엇을 먹을까 무엇을 마실까 무엇을 입을까 하지 말라 이는 다 이방인들이 구하는 것이라 너희 하늘 아버지께서 이 모든 것이 너희에게 있어야 할 줄을 아시느니라." (마태복음 6:31~32)

우리 하나님은 가난한 선교사의 자식들 입맛까지 챙겨주셨다.

학원에서 돌아온 다솜이에게 깨끗하게 씻은 굴을 보여주었다.

"봤지? 굴이야. 네가 먹고 싶으면 직접 끓여봐."

초등학교 4학년인 다솜이는 요리하는 것을 무척 좋아한다.

냄비에 물을 두 그릇, 생강 약간을 넣고 끓인 후 굴을 넣고 소금으로 간을 하고 파를 넣었다. 다솜이는 5분 만에 굴탕을 만들어 식탁에 올려놓았다.

평소에 목사의 자녀라 가난하다고 투덜대는 아이들에게 큰소리로 외쳐댈 수 있는 절호의 기회였다.

"다솜아, 다민아. 이게 다 목사 자녀라서 받는 하나님의 축복인거야. 그러니까 너희는 먼저 그의 나라와 그의 의를 구하라. 그리하면 이 모든 것을 너희에게 더하시리라. 그러니까 먹고 마시고 옷 입는 것으로 짜증내지 말아야 해!"

아이들도 "정말 하나님이 나를 돌보시네."하면서 웃었다.

요즘 선교일로 바빠서 아이들에게 소홀했고, 아이들은 아이들대로 지쳐있었다.

주님은 알고 계셨다.

사랑합니다, 예수님. 그리고 감사합니다.

나 한국학교 다닐래요

"따르릉… 따르릉…"
전화를 받아보니 다솜이의 서러운 울음소리가 들려왔다. 엉엉 울면서 빨리 학교에 와 자기를 데려가라고 한다.
"절대로 대만학교는 다니지 않을래요."
달래고 달래 전화를 끊었는데 다시 전화가 왔다. 다솜이 친구였다. 다솜이가 국어시험을 50점 맞아서 친구들에게 비웃음을 받았다고 한다. 거기에 선생님은 틀린 문제를 일곱 번씩 써오라는 숙제를 내줬는데 다솜이가 도저히 쓸 수가 없어 더 이상 대만학교를 다닐 수 없다는 말이었다.

부랴부랴 학교로 달려갔다. 다솜이는 친구와 함께 교문에서 나를 기다리고 있었다. 아이를 안고 기도를 했다. 그리고 교실로 들어가려는데 교장선생님이 오시더니 무슨 일이 있느냐고 물으셨다. 다솜이가 시험을 못 치러 친구들이 무시해서 운다고 설명했다.
　교장선생님은 자기도 학교 다닐 때 60점도 못 맞았다면서 너무 잘 하려하다 보니 스트레스를 받는 거라며 같이 담임선생님을 만나주겠다고 하셨다. 현명하신 분이었다.

　선생님은 이미 모든 상황을 알고 계셨다. 나는 다솜이의 소심하고 쉽게 스트레스를 받는 성격과, 과중한 숙제와 시험을 힘들어한다고 말씀 드렸다. 시종 따뜻한 미소로 맞아주신 선생님께 감사한 마음으로 아이들에게 음료수를 대접하겠다고 했다. 단 선생님이 내시는 것으로 하겠다고 했다. 이 더운 날 선생님이 아이들에게 시원한 것을 사주면 아이들이 얼마나 좋아하겠는가. 선생님을 좋아할 때 교육효과가 높아지는 것이니 내 부탁을 들어달라고 했다.

　우리 딸 다솜이는 뚜렛증후군(틱 장애)이란 병을 앓고 있다. 운동과 언어신경의 통제 불능으로 온갖 이상한 몸동작을 한다.
　그러나 다솜이는 언어에 재능이 있다. YWCA에서 열린 영어동화 경연대회에서 예선을 통과하고 준결승에 올랐다. 뜻이 있어 우리 아이들을 대만학교에 보냈지만, 다른 선교사의 자녀들이 미국인학교에 다니면서 유창하게 영어를 하는 것을 조금은 부러워했었다. 다솜이의 꿈은 외교관이 되는 것이었다.
　다솜이가 긴장을 하면 증세가 더 심각해지기에 제발 다섯 번째 안으로 빨리 발표하게 해달라고 기도했더니 주님께서 그 기도도 들어주셨다. 연습도 많이 못했는데 실전에서는 하나도 틀리지 않고 큰소리로 정확하게 영어를 말했다. 자신이 있었는지 결과까지 보겠다고 남아있었다. 무사히 준결승을 통과하고 결승에 나가게 되었다.

아이를 오토바이에 태우고 돌아오며 목동 다윗을 들어 쓰시고 이스라엘의 왕으로 세우신 하나님의 사랑을 들려주었다. 우리가 하나님 안에 거하고 그 은혜를 감사하며 그 분의 영광 안에 거하기만 하면 우리의 연약함이 예수 그리스도의 보혈의 피로 강하게 될 거라고 했다.

"그러니까 포기하지 말고 이 병을 주신 주님의 은혜에 감사하며 더욱 전도에 힘쓰고 사랑하기를 힘쓰자."

당신의 자녀를 등에 업고 토닥이시며, 눈물을 닦아주시는 주님의 음성이 들리는 듯 했다.

운동회 날짜가 옮겨졌어요

아침에 일어나 자고 있는 아이들을 보고 있으면, 얼마나 사랑스럽고 예쁜지 모르겠다.

"그렇게 독한 약을 먹고 정상적인 아이를 낳기 바랍니까?"

내가 임신했을 때, 의사들마다 만류했지만 하나님의 은혜로 아무 이상 없이 다솜이, 다민이 두 아이를 낳았다. 매일 아침 하나님께 감사하며 이렇게 기도한다.

"아버지, 저에게 이렇게 좋은 아이들을 주셔서 고맙습니다. 잘 기르고 가꾸어 주님께 드리겠습니다. 아이들의 친부모가 되어주세요."

부모가 된다는 것은 철학의 길을 걷는 것이요, 거룩한 하나님의 백성이 되기 위한 훈련코스가 아닌가 싶다. 너무나 많은 인내와 사랑, 섬김의 코스를 통과해야 하니까.

그렇게 귀하고 예쁜 나의 자식에게 한 달째 이어지는 핍박이 있다.

정확하게 말하면 2년 째 이어지는 핍박이다.

  대만은 학교수업 외의 활동, 운동회나 견학, 반 단합대회 등을 주일에 한다. 주일에는 예배를 드리러 교회에 가는 우리 다솜이가 그 행사에 참여할 수는 없다. 그러다보니 친구들이나 선생님들은 다솜이의 이름을 부르기보다는 "지두투"라고 부른다. 크리스천이라는 뜻이다.

  거룩하고 영광된 천국백성만이 듣는 호칭이라고 단단히 교육을 시켰기 때문에 아이들은 별 거부감 없이 잘 적응하고 있었다.

  그런데 이번은 그 강도가 너무 심했다. 한 달 동안 다솜이를 괴롭히는 선생님이 있었다.

  "엄마는 대만 선생님을 몰라요. 지난 번 체육시간에는 모든 애들이 다 떠들었는데 선생님이 나만 재수 없다고 따귀를 때렸어요. 안경이 땅에 떨어질 정도로요."

  다솜이는 반 대표 달리기선수였다. 그런데 주일에 열리는 운동회에 참석하지 않으면 다솜이네 반이 꼴찌가 된다. 체육 선생님은 학교의 기독교 선생님까지 동원해서 다솜이를 설득했다.

  "하루 교회에 가지 않아도 하나님은 화내지 않는 분이시다."

  그래도 말을 안 듣자, 담임선생님까지 가세했다.

  "너 때문에 꼴찌가 되면 선물을 하나도 못 받게 되니까 운동회에 참석하지 않으면 다음 날 혼자 등교하라고 해서 벌을 주겠다."

  나는 기도했다.

  "주님, 우리 아이들이 대만 땅에서 영적지도자가 되게 해달라는 기도가 지나쳤나요? 온 학교가 다솜이를 핍박하니 주여 제게 지혜를 주사 제가 사랑하는 대만 백성과 마찰 없이 이 일이 해결되고, 오히려 복음을 전할 기회가 되게 하여 주소서."

밤 늦도록 대만의 신학생 한 명과 함께 고민을 하며 가장 부드러운 내용으로 편지 한 장을 썼다. 자기 같으면 당장 교육부에 전화해 항의하겠다는 그 친구를 설득해 가면서.

밤 11시가 넘어 편지가 완성되었다. 혹시 몰라서 평소에 친한 이쟈 자매에게 전화해 컴퓨터로 쳐달라고 부탁했다.

다음날 새벽, 딩동 하는 소리와 함께 찾아온 사람은 이쟈 자매의 엄마였다.

"사모님! 이 편지를 보내면 우리 대만 기독교인들을 더욱 어렵게 만듭니다. 보통 대만 사람들이 생각하는 기독교인이 뭔지 아세요? 제사도 없고 자기들끼리만 어울리는 사람들이에요. 이런 편지를 보내면 누가 우리와 친구를 해주고, 누가 우리 전도에 예수를 믿겠어요. 사모님 편지가 전 학교의 웃음거리가 될까봐 걱정입니다."

얼마나 나를 염려하고 사랑했으면 새벽같이 달려와 이런 충고를 할까 싶어 우선 감사를 표했다. 그리고 내가 겪었던 초등학교 시절의 간증을 해주었다.

"제가 초등학교에 다닐 때도 지금과 똑같은 일이 있었어요. 그러나 저와 몇몇 기독교인들의 기도로 학교에서 주일에 하던 대회연습이 없어졌어요. 그 후에 기독교인들의 건의로 주일에는 행사를 하지 않게 되었지요. 우리 하나님은 역사를 창조하시고 바꿀 수 있는 분입니다."

이쟈 엄마가 딱하다는 듯 나를 봤다.

"사모님, 여기는 한국이 아니고 대만이에요."

"하나님의 법은 어디서나 적용됩니다. 한국에도 기독교인이 숫자적으로 그리 많은 것은 아니랍니다. 단지 순종하려는 기독교인들이 많을 뿐이지요."

이쟈 엄마의 충고에 따라 편지는 보내지 않았다. 그 대신 다솜이 때문에 선물을 받지 못하게 될 반 친구들을 위해 예쁜 색종이와 사탕을 선물세트로 준비했다.

아침 자습시간에 동화와 색종이 접기를 마친 후 다솜이 반 친구들과 선생님께 미안하다고 말을 했다. 의외로 모두가 괜찮다고 해주었다.

"대만의 기독교인들은 다 주일 행사에 참석을 하거든요. 그래서 다솜이가 혼자서 고집을 부리는 줄 알았어요. 다음부터는 강요하지 않을게요."

문제는 체육 선생님이었다. 운동장에서 열의를 다해 아이들을 휘어 잡으시는 선생님을 보면서 기도했다.

"주님, 저분을 축복하여 주셔서 예수님을 믿고 간증자가 되게 해주세요."

드디어 선생님을 만나게 되었다. 선생님은 나에게 의자에 앉으라고 했다. 나는 그냥 선생님의 손을 덥석 잡고 무조건 사죄했다. 선생님은 얼굴이 환해지면서 웃으셨다. 체육 선생님은 알고 보니 무척 소탈하신 분이셨다.

"선생님, 저희 가정교육 방침이 무조건 선생님 말씀에 복종하는 건데 이번 일로 불순종하게 되어 다솜이가 낙담하고 있어요. 어쩌면 좋지요?"

"걱정마세요. 사실 우리가 잘못된 거지요. 엄연히 토요일이 공휴일인데 굳이 일요일에 운동회를 하는 것은 바꿔야 될 일이지요. 잘 건의해보겠습니다."

"어러주! 어러주!(주님을 찬양합니다.)"

이것은 기적이었다. 2년 동안 내가 건의하고 싶었던 것을 그 무섭다는 체육선생님의 입으로부터 직접 나왔다는 것은 주님이 하신 일이었다.

오토바이를 타고 돌아오는 길이 눈물이 나도록 즐거웠다.

"무릇 하나님께로부터 난 자마다 세상을 이기느니라 세상을 이기는 승리는 이것이니 우리의 믿음이니라" (요한일서 5:4)

나중에 체육선생님은 우리 두 아이들에게 생일 선물과 크리스마스 선물까지 주셨다.

더 놀랍게도 선생님은 체육부에 건의해서 운동회 날을 토요일에 하기로 결정했다.

과에옹! 나의 임금 주 예수!

4부
선교사는 무엇으로 사는가

여호와께서 엘리야를 통하여 하신 말씀 같이
통의 가루가 떨어지지 아니하고 병의 기름이 없어지지 아니하니라 _ 열왕기상 17:16

*먼저 나를 위하여 작은 떡 하나를
만들어 내게로 가져오라*

   선교사는 섬기러 온 사람이기 때문에 예수님을 따라 생명까지도 선교지의 어린 양들을 위해 다 주어야 할 각오가 되어있어야 한다고 남편인 박 목사는 늘 말한다.
   배고픈 사람에게는 밥해서 먹이고, 목마른 자에게는 마시게 하고, 병든 자는 치료해주고, 마음이 아픈 자는 시간을 내서 위로해 주어야 한다. 온 가족이 헌신해서 선교지의 사람들을 어린 양처럼 돌봐야 한다. 선교사의 아내는 물론 자녀들도 선교사처럼 살아야 하는 것이다.

   내가 가진 것을 아낌없이 주는 것에 익숙해 있지만, 그래도 가끔은 한계에 부딪쳐 "주님!"하고 외칠 때가 있다. 예를 들면 이런 경우들이다.
   * 누군가가 남편이 좋아하는 생선을 주었는데, 때마침 손님이 와

냉장고에 잘 손질해둔 그 생선을 통째로 대접해야 할 때!

　* 오랫동안 텅 빈 지갑에 마침 필요한 돈이 들어와 우리 식구들을 위해 쓰려고 하는데, 때마침 돈이 필요한 사람을 만나 몽땅 드려야 할 때!

　* 오랜만에 아이들 숙제도 봐주고 함께 쉬려는데, 때마침 상담을 하러 온 사람에게 시간을 내주면서, "감사합니다. 얼마든지 시간 있습니다."라고 말할 때!

　* 우리 아이들은 아직 저녁도 안 먹었는데, 따르릉 전화가 와서 남편이 불려 나가고, 또 따르릉 전화가 와서 내가 나가 부부싸움 한 가정을 방문하고 상담하고 목이 쉬도록 기도하고 돌아왔는데, 얼굴의 땀자국도 씻지 않고 잠든 아이들의 얼굴을 보고 있을 때!

　목회자들과 선교사들의 가정은 이와 같은 상황을 충분히 이해할 것이다.

　우리가 가진 것은 다 예수님께로 받은 것이 아닌가. 또 우리가 필요하다고 기도도 하기 전에 주신 것은 또 얼마나 많은가. 선교사가 가진 모든 것을 다 주었을 때 현지인들이 감동을 받아 죽음에서 영생으로 옮겨오는 것을 보게 된다. 이보다 더 큰 기쁨이 어디 있겠는가?

　선교사들은 재정적인 어려움을 늘 겪는다. 내일 먹을 것이 없는 절박한 순간도 있다.

　요즘 같은 세상에 굶는다는 게 말이 되느냐고 하지만, 선교사들은 헌금이 들어오지 않으면 굶어야 한다.

　텅 빈 쌀통을 들여다보며, 문 닫은 시장 앞에 버려진 채소를 주워 바닥에 남은 기름병을 흔들어 방울까지 써서 채소를 볶아 마지막 만찬 같은 식사를 내놓는 엄마의 심정은 말할 수 없이 참담하다. 그러나 살아계신 하나님은 내가 알지 못하는 주의 자녀들을 통해 푸짐한 음식을 대접받게 하시고, "여호와가 비를 지면에 내리는 날까지 그 통의 가루는 다하지 아니하고 그 병의 기름이 없어지지않게" 하신다.

선교사에게 "궁핍함"과 "주는 것"보다 더 힘든 일이 있다. "받아 얻어먹고, 그 집에 유하여야 하는" 엘리야의 역할이다. 엘리야는 가난한 사르밧 과부에게 이렇게 요구한다.
"청건대 그릇에 물을 조금 가져다가 나로 마시게 하라."
"청건대 네 손에 떡 한 조각을 내게로 가져오라."
궁핍함과 주는 것은 선교사로 서원할 때부터 각오가 되어있고, 또 훈련을 통해 익숙하다. 그러나 주님의 사역을 위해 꼭 필요한 것이라 할지라도 선교지에서 목숨까지 내주어야 할 선교사가 무엇을 요구하는 것은 참 어렵다.

그러나 주님을 위해 드릴 때 넘치도록 받을 수 있다는 것을 양들도 체험해야 한다.

오늘은 내 기도를 후회한 마음 무거운 날이었다.
대만에 온 후 어지간하면 물질적인 어려움은 동역자들에게 말하지 않고 주님께만 아뢰는데 지난 번 모임에서 나는 무조건 차를 달라고 조르고 말았다.
17년 된 차, 13년 된 차, 그리고 지금의 14년 된 빨간 자동차까지 고물 차들만 몰고 다니다보니 더위에 에어컨도 없고, 고장이 나 길거리에 번번이 서게 되어 위험했다.

하나님께서 사르밧 과부의 마음을 움직이신 것 같이 이번에는 차이 형제의 마음을 움직이셨다. 차이 형제가 중고차를 사주었다. 작은 공장을 하며 열심히 주를 섬기는 차이 형제는 자기 공장 앞에 가난한 사람에게 포장마차를 차려주고, 음료수 가게도 열어주는 헌신적인 형제다. 있으면 있는 대로, 없으면 없는 대로 최선을 다해 주님께 바치면서 살겠다고 신앙고백을 한 차이 형제. 그 형제의 신앙고백처럼 그런 그리스도인이 있기에 대만이 아무리 이단과 죄악의 소굴 일지라도 유황불은 면하는 것이 아닐까.

차이 형제는 자동차 부품을 깎는 기계 하나를 사서 집에서 일을 했는데 그 사업이 날로 번창하여 지금은 7백 평 공장에 50명의 사원을 둔 어엿한 사장님이 되었다. 하나님이 그에게 복을 주신 것이다. 그는 여전히 선교사들과 신학생들을 많이 돕고 있다.

선교사의 아이들

파송된 선교지에서 선교사 가정이 가장 먼저 극복해야 할 것이 있다면 더위와 추위와 같은 외부 환경일 것이고, 그 다음은 언어다. 성령 충만과 강한 체력, 언어 습득은 선교사가 얼마나 사역을 잘 감당할 수 있는가 하는 큰 관건이 된다. 그 가운데 언어는 선교의 한계를 느끼게 하는 가장 중요한 장애물이다. 이 모든 문제를 자연스럽게 해결할 수 있는 사람이 있다면 그는 선교사의 자녀들이다.

선교사의 자녀들은 어릴 때부터 선교지의 기후에 적응되어 있고, 언어를 모국어처럼 습득할 좋은 기회를 갖는다. 거기에 목사의 가정에서 자연스럽게 성숙한 신앙습관은 선교사 자녀들만이 누릴 수 있는 특권일 것이다.

그러나 수많은 선교지를 부모와 함께 여행해야 하고, 수많은 낯선 사람들을 대면해야 하는 불안정한 생활 속에서 자라야 하는 것도 선교사의 자녀들이다. 영유아기에 안정된 정서를 갖기 힘들고, 모국과 모국어에 대한 정체성의 혼란이 오게 된다. 이것이 선교사의 자녀들에게는 무거운 십자가가 된다.

우리는 타이베이나 시골의 작은 교회에도 설교하러 다닐 때가 많았다. 그럴 때면 새벽부터 아이들을 데리고 장거리 여행을 떠나야 했다. 하루 세 끼를 차 안에서 도시락으로 먹어야 하고 오랜 시간 좁은 차 속에서 견뎌야 한다. 설교 준비로 바쁜 우리는 아이들을 챙겨줄 여유가 없었다.

"얘들아, 내일은 4시간 정도 차를 타야 해."

이 말이 떨어지기가 무섭게 우리 아이들은 4시간에 맞는 장난감을 챙긴다. 8시간이 걸리는 곳은 또 거기에 맞게 알아서 놀 것을 준비한다.

이런 가운데서도 모국이 대한민국임을 잊지 않게 하려고 밤마다 한국어 성경으로 가정예배를 드렸다. 집에서는 무조건 한국어를 쓰는 게 우리 집 약속이었다.

그러나 아이들이 유치원에 다니면서 언어와 친구관계에 어려움이 생겼다.

큰 아이가 유치원에 들어갔는데 중국말을 못 알아들으니까 친구들에게 왕따를 당했다. 아이는 울면서 집으로 돌아와 다시는 가지 않겠다고 버티기도 했다.

유치원에서 한사람씩 앞에 나와 이야기를 하는 시간이 있는데 다솜이는 밤마다 중국어로 된 동화를 외우고 또 외웠다. 어린 것이 친구들에게 무시당하지 않기 위해 필사적으로 매달리는 것이 보기에도 애처로웠다.

어느 정도 한국말을 좀 알아듣던 세 살 때 대만에 온 큰 아이는 그래도 한국어로 의사소통이 가능했다. 문제는 한 살 때 온 작은 아이였다. 아들은 심각한 언어장애를 겪어야 했다.

집에서는 한국어, 유치원에 가면 중국어, 교회에 가면 대만어, 우리 집에 매일 살다시피 하는 미국 선교사는 영어를 쓰니 아들은 다섯 살이 되도록 어느 한 언어도 정확하게 말하지 못했다. 심지어 한국어, 중국어, 대만어를 혼합해서 쓰기도 했다. 아이가 점차 커가며 가장 익숙한 언어는 대만어, 그 다음이 중국어, 그리고 한국어는 가장 마지막이 되었다.

하루는 한국과 대만의 야구시합을 TV에서 중계를 했다. 아무리 대만 선교사지만 우리 부부는 "대한민국"을 외쳐가며 열심히 한국을 응원했다. 그런데 우리 아이들은 달랐다.

"타이완 지아여우! 타이완 지아여우!(대만 파이팅)"

정색을 하며 "한국 사람이 한국을 응원해야지 지금 뭐하고 있는 거야?"했더니 아들이 서슴없이 말했다.

"난 대만 사람이에요."

열심히 한국어도 가르치고, 한국인으로서의 주체성을 길러주었건만, 대만에서 대만식 교육을 받은 아이들에게 한국은 타국일 뿐이었다.

그렇다고 대만 사람들이 우리 아이들을 대만인으로 취급하느냐 하면 그렇지도 않았다.

우리 아이들은 학교에서 "한꾸어런(한국인)"으로 불린다. 기독교인이라 "지두투"(기독교인)라고도 한다. 아무리 이름을 불러달라고 해도 소용이 없다.

대만어와 중국어를 모국어처럼 해도 우리 아이들은 이곳에서 외국인일 뿐이다.
 이 문제를 어떻게 해결해 나가야 하는지 해외에 나가있는 선교사들의 고민도 여기에 있을 것이다.

주고 또 주었더니

　우리가 처음 대만에 도착했을 때 대만은 우리보다 경제적으로 잘 사는 나라였다.
　서울 번화가 중의 하나인 신촌에서 대학생 사역을 했던 우리는 그렇게 많은 외제차를 본 적이 없었다. 타이난은 대만의 지방 소도시였는데도 고급 승용차들이 즐비하게 도로를 메우고 있었다.
　대만 사람들은 우리나라를 1960년대로 생각하고 있었다. 왜 그런가 했더니 TV가 문제였다.
　대만의 TV에서는 아직도 한국의 옛날 드라마나 영화를 상영하고 있었다. 해방 후의 어려운 시절의 장면들이었다. 어떤 사람은 우리에게 북한사람이냐고 묻는 이도 있었다.
　남편 박 목사의 선교관은 "선교사는 베푸는 사람이어야 한다."였다. 무조건 복음을 나누고 예수님처럼 사랑을 베풀어야 한다고 했다. 선교사는 공부를 많이 한 것보다 사랑이 많은 사람이 열매가 많다고 했다. 내가 반찬을 만들어 놓으면 없어지기가 일쑤였다. 남편은 심방할 때나 전도할 때 나눠줄 것이 없으면 냉장고 안에 있는 반찬이라도 가져다 주었다.

성도들은 목사가 주는 작은 선물에 감격했다. 그분들이 답례를 위해 무엇인가 주면 우리는 그것을 필요로 하는 다른 사람에게 베풀었다.

처음에는 성도들이 우리가 한국으로부터 지원을 많이 받아서 베푸는 줄 알았다.

"한국교회 목사들은 월급도 많이 받는다면서요?"

그들은 우리의 선물을 당연히 여겼다. 그러나 우리가 생활하는 것을 보면서 없는 가운데서도 예수님의 사랑으로 나누는 것임을 알게 되었다.

성도들도 우리의 나눔을 배워갔다.

가난한 사람에게 돈을 주거나, 먹고 살 방법을 무료로 제공하는 성도들이 늘어갔다.

내게 물건들을 가져오는 사람도 있었다.

"필요한 곳에 나눠주세요. 사모님께 맡기면 안전해요."

회사의 사은품이나, 명품가방, 비싼 옷, 아이들 학용품, 심지어 장식품을 만들어 파는 사람도 물건들을 가져왔다. 우리 집은 마치 물물교환센터와도 같았다.

감사한 것은 내게는 물건에 대한 욕심이 없었다. 값진 물건들이 쌓여있는데도 나와 내 자식들을 위해 쓰고 싶은 마음이 들지 않았다. 난 좋은 걸 보면 "이걸 누구에게 주지?"하는 생각이 먼저 들었다. 성령님이 내 안에서 역사하기 때문이었다.

"믿는 사람이 다 함께 있어 모든 물건을 서로 통용하고 또 재산과 소유를 팔아 각 사람의 필요를 따라 나눠 주며 날마다 마음을 같이하여 성전에 모이기를 힘쓰고 집에서 떡을 떼며 기쁨과 순전한 마음으로 음식을 먹고 하나님을 찬미하며……."(사도행전 2:44~47)

사도행전의 역사가 우리 사역지에서 조금씩 이루어지기 시작했다.

적군이 달음질하고 도망하는 것을 보고 싶다면

내가 사랑하는 교우 홍런은 2대에 걸친 크리스천 가정에서 태어나 남들이 부러워하는 모든 조건을 다 가진 형제다. 부모가 물려준 사업체와 안정된 직장을 가진 아내, 그리고 형제자매들까지도 다 성공한 현대인들이 가장 추구하는 그런 집안 출신이다.

딱 한 가지만 빼놓으면 말이다.

홍런은 신앙문제, 특히 성령체험에 관한 얘기가 나오면 머리를 갸우뚱한다.

"나는 지금까지 그런 체험이 없어도 잘 사는 크리스천입니다. 40년 넘게 교회에 나오지만 그런 체험을 해본 적이 없어요. 성령체험은 하나님이 특별히 쓰시고자 하는 사람에게나 임하는 것 아닌가요? 나 같은 사람은 그다지 필요성을 느끼지 않네요."

처음 이런 말을 들었을 때 너무도 신기하여 되물었다.

"정말입니까? 40년 동안 한번도 성령체험을 해본 적이 없나요?"

생각할수록 마음이 아파서 요즘은 그 형제를 위해 중보기도를 한다.

하나님을 믿지 않는 사람들에게는 의심스럽고 이해할 수도 없는 일이지만, 성령의 감동 감화를 체험한다는 것은 내가 하나님의 자녀임을 확신하는 놀랍고도 기쁜 경험이다. 천국백성들이면 누구에게든지 일어날 수 있는 일이기도 하다. 예수님도 "진실로 진실로 네게 이르노니 사람이 물과 성령으로 나지 아니하면 하나님의 나라에 들어갈 수 없느니라"(요한복음 3:5)고 하셨다.

전도를 하다보면 자연히 성경 속에 나오는 하나님의 기적들을 예로 들 때가 있다. 모세의 기적, 엘리야의 기적, 사도 바울의 기적 등이다. 이런 놀라운 하나님의 능력의 말씀을 듣는 대만 사람들은 따분한 표정을 짓는다. 그걸 누가 눈으로 봤냐? 하듯이.

그러다가 내가 경험한 성령의 체험을 들려주면 눈이 반짝인다.

38세에 처음으로 주님을 알게 된 수웨이는 욕심도 많고 열심도 많은 자매이다. 이 자매는 성경 말씀과 나의 간증을 피상적으로 넘기지 않는다.

"나도 사모님이 체험한 하나님을 꼭 만나고 싶어요. 어떻게 하면 되지요?"

나의 답은 한결같다.

"당신의 세상적인 가치들이 제로 상태에 있을 때 바로 하나님의 역사하심을 만나게 됩니다."

모든 상황을 예측할 수 없는 타국에서의 선교사 생활을 하다보면 번번이 "제로상태"에 놓이게 된다. 돈은 떨어지고 수많은 장애 앞에 아무 것도 붙들 것이 없어 하나님께만 매달리는 순간들이다. 기도는 간절하고, 주님께 드리는 헌금은 마지막 생활비일 때도 있다. 그러나 놀라우신 하나님은 매번 지갑을 채워주시고, 장애물을 거둬가 주신다.

나는 밀가루로 만든 음식을 삼키지 못한다. 이런 내가 빵과 만두를 먹어야 하는 대만 선교사로 왔다. 온몸은 피부병이 있어 더운 여름날이면 피부에 고름과 피딱지로 범벅이 되는데, 말할 수 없이 덥고 습한 지역으로 하나님은 나를 보내셨다. 할 줄 아는 언어는 한국어 뿐인데 중국어, 대만어, 영어를 써야 하는 막다른 골목으로 주님은 나를 몰아넣으셨다.

지금은 김치찌개보다 만두를 먹고, 중국어를 하고, 대만어로 찬양하며, 영어통역까지 한다. 내 평생의 가시였던 피부병은 주님께서 가져가셨다. 허황되고 과장이 심해 중국 영화조차 싫어하던 내가 중국인들을 진심으로 사랑하게 되었다.

문제는 도전의식이다. 죽기 살기로 주님께 매달리며 어려움을 극복하려고 하면 뜨거운 성령체험은 셀 수 없이 경험한다. 그리고 하나님의 살아계심을 체험해 보면 더 이상 무섭고 두려운 것이 없다. 기드온을 따른 삼백 용사만이 적군이 달음질하고 부르짖으며 도망하는 것을 볼 수 있을 것이다.

"사모님은 참 겁이 없는 사람 같아요."

주위사람들이 나에게 이렇게 말하면 내 대답은 이렇다.

"하나님이 계신데 겁낼 것이 뭐가 있어요?"

주님만을 믿고 담대하게 모험심과 도전의식을 키워주신 우리 하나님께 감사드린다.

고난을 체험할 수 있는 영광

고난주간이었다.

마른나무 두 개를 엮어서 십자가를 만들고, 예수님이 십자가에 달리신 그림을 복사하고, 여러 가지 손 인형들을 준비해서 초등학교 교실로 들어섰다.

칠판에 영어와 중국어로 요한복음 11장 25절 말씀을 썼다.

"예수께서 이르시되 나는 부활이요 생명이니 나를 믿는 자는 죽어도 살겠고"

나는 손인형을 가지고 아이들이 저지르기 쉬운 잘못들을 예로 들면서 예수님의 용서를 가르쳐주었다. 준비한 메모지를 나눠주고 자신의 죄 문제를 적어보라고 했다.

"여러분이 적은 죄들을 예수님의 이름으로 용서를 구하고 아멘으로 기도를 마치면 됩니다."

몇몇 아이들이 장난으로 "아미타불"을 했다. 그러나 대부분의 아이들은 이에 동요되지 않고 솔직하고 진지하게 고백하고 용서를 구했다. 성경말씀을 중국어와 영어로 잘 외운 아이들에게 선물까지 주었다.

집에 돌아오니 위헤와 수웨위에가 남편과 싸운 후 이혼을 하겠다고 우리 집으로 달려왔다. 나는 김치전을 부쳐서 대접을 해가며 그들을 위로했다. 어떻게든 주님의 고난을 체험하고 싶었는데 내 마음을 아시는 주님께서 고통당하는 동역자들의 아픔을 같이 나누게 하셨다.

주님의 고난과 사랑을 전하다가 문득 상영 중인 "고난전-패션 오브 크라이스트"를 보러 가면 어떨까 생각했다. 여기저기 연락하니 30명이 모였다.

영화를 보고 성도들이 감동을 받았다. 아직 예수님을 믿지 않는 첸메이페이 자매가 자녀들과 함께 교회를 나가겠다고 약속했다. 정신질환을 가진 세 명의 형제자매도 같이 갔는데 이들의 삶에 변화가 있기를 진심으로 기도했다.

다음 날은 정신병원에 입원 중인 핑화 자매를 방문했다. 여러 차례 죽음의 고비를 넘기며 살아가고 있는 핑화 자매는 남편과 가족의 학대로 정신착란에 걸렸다. 그녀는 주님의 말씀을 항상 읽고 쓰는 귀여운 자매이기도 하다. 병원에서도 전도를 했다며 여러 사람들을 소개해주고 나에게 기도를 부탁했다.

핑화 자매가 꼭 기도를 해줘야 하는 사람이 있다며 내 손을 끌고 간 곳에는 어린 여자아이와 그 아이의 어머니가 있었다. 그들은 내 손을 잡으며 고마워했다. 그러나 그 곁에 있던 작은엄마라는 사람이 내 손을 뿌리쳤다.

"우리는 불교 믿어요."

애타게 나를 바라보는 어린 소녀의 눈이 너무 애처로워 기도만 하겠다고 했다. 기도 도중 작은엄마의 신고로 병원 직원들이 들이닥쳐 나는 병원에서 쫓겨났다.

"다음에는 오시기 곤란합니다."

직원들이 내게 경고를 하고 들어갔다. 금식기도로 준비를 해서 그런지 상처보다 더 큰 은혜를 받았다.

부활절 준비를 했다. 삶은 달걀만 가지고는 어린이들의 관심을 끌기 어려워 이번에는 미국 어린이들이 먹는다는 달걀 모양 초콜릿을 사기로 했다. 수퍼마켓에서 그 비싼 초콜릿 달걀을 바구니 가득 담는 나를 보며 주일학교 교장선생님은 머리를 절레절레 흔들었다.

예수님께 자신의 가장 귀한 보물인 향유를 부은 여인도 있는데, 아이들의 영혼구원을 위해 내가 아낄 것이 무엇이 있겠는가? 나는 내 지갑 안에 있는 돈을 모두 털었다. 단지 우리 아이들이 이 초콜릿을 보고 "엄마는 우리는 안 주고 다른 사람들만 준다."고 칭얼댈까봐 집안에는 들여오지 못하고 문 앞에 숨겨 놓았다. 그 맛있는 것을 자기들이 아닌 다른 아이들에게 준다는 것을 받아들여야 하는 것이 선교사 자녀가 거쳐야 할 힘든 코스인 것이다.

"엄마, 이제 다른 사람이 쓰던 것 정말 싫어요."

다른 사람이 준 소파와 에어컨을 감사해서 어쩔 줄 모르는 나에게 찬물을 끼얹는 우리 아이들의 말이다.

선교사로 서원한 것이 "나"이지, "내 아이들"이 아니라는 어떤 목사님의 간증을 떠올리며 이것도 선교사로 견뎌 나가야 하는 고난 중에 하나임을 깨닫는다.

"주님, 당신의 명령대로 열심히 씨앗을 뿌립니다. 싹을 트게 하는 것도 당신이요, 열매를 거두는 분도 당신인줄 믿습니다. 농부로서, 종으로서 쓰임 받게 하소서. 언제나 부족하여 당신 앞에 설 자격이 없는 딸이 고난절과 부활절을 맞아 당신께 기도합니다. 당신을 사랑합니다. 아멘."

내 은혜가 네게 족하도다

   금요일 아침, 아침 자습시간부터 10시까지는 내가 초등학교에서 성경과 미술을 지도하는 날이다. 다윗이 하나님의 뜻에 따라 원수를 사랑하고 대접하는 이야기를 그림과 함께 이야기로 들려주는데 갑자기 숨을 쉴 수가 없었다.
   '35도가 넘는 더위 탓인가?'
   가슴에 통증까지 밀려왔다. 겨우 집에 돌아와 약을 먹고 쉬고 있는데도 심장의 아픔은 더해왔다. 초등학교와 유치원에서 요나서를 주제로 한 인형극을 전하느라 소품과 배경작업에 너무 무리를 한 것 같았다.
   병원에 갔더니 심장의 박동이 불규칙하고 저혈압이라 일을 쉬고 약을 먹어가면서 정밀검사를 하자고 했다.
   "하나님, 저를 선교사로 부르셨을 때는 주님의 일을 하라고 부르신 것이지 아파서 교인들의 짐이 되라고 보내신 것은 아니시지요?"

나는 기도를 하며 인형극 마무리 작업을 했다.

열흘이 넘도록 심장은 여전히 아팠다. 새벽 5시에 일어나 가슴에 손을 얹고 기도했다.
"주님, 아시지요? 오늘은 두 시간이나 운전을 하고 남편은 어른들 대상으로 설교를 하고, 저는 혼자서 주일학교 설교와 미술지도를 해야 합니다. 예수님의 이름으로 내 몸의 모든 질병이 깨끗하여질지어다. 아멘!"
어제도 4시간 운전했는데, 오늘은 아침 6시부터 고속도로를 타고 시골교회에 갔다.
몸과 마음이 가뿐했다. 처음에는 염려하던 남편도 내 컨디션을 보고 안심을 했다.

설교와 분반공부를 마치고 앉아있는데 어떤 집사님이 내게 오셨다.
"사모님, 우리 아들이 말을 너무 안 듣지요? 걱정이에요."
나와 같이 어린이 성경공부반에서 봉사했던 다른 집사님이 대신 대답했다.
"집사님 아들이 그렇게 열심히 성경공부에 참여하기는 처음인 것 같네요. 사모님이 정말 재미있게 하셨거든요."
이래서 아픈 것도 잊고 하나님의 일을 하는 것 같다.

정밀검사를 위해 다시 병원으로 갔다. 의사는 이것저것을 보더니 머리를 갸웃했다.
"이상한데요. 모든 것이 정상입니다."
이틀 전만 해도 핸드백을 들고 계단도 오르지 못했는데, 오늘은 시장바구니에 잔뜩 물건을 채우고 오는데도 말짱했다.

우리의 신앙선배 사도 바울의 말씀이 생각났다.

"나에게 이르시기를 내 은혜가 네게 족하도다 이는 내 능력이 약한 데서 온전하여짐이라 하신지라 그러므로 도리어 크게 기뻐함으로 나의 여러 약한 것들에 대하여 자랑하리니 이는 그리스도의 능력이 내게 머물게 하려 함이라"(고린도후서 12:9)

동역자들이 걱정이 되어서 내게 전화를 해댄다.

"아니, 금방 돌아가실 것 같아 무서워 혼났는데, 또 어떻게 기도하셨길래 이렇게 빨리 일어나신 거예요?"

내가 웃으면서 대답했다.

"주님께서 저를 쓰시려거든 치료해주십시오. 쓰임받기 원합니다. 예수님의 이름으로 기도합니다. 아멘! 이렇게 기도했답니다."

뜻밖의 선물

조그마한 섬나라인 대만은 기후만큼은 이 민족이 지닌 복잡성만큼이나 다양하다.

어느 날, 대만의 중부지역에서 사역하시는 선교사님이 우리가 사는 남부에 일이 있어 오셨다가 우리 집을 방문하셨다.

선교사님은 인사를 하자마자 목욕탕으로 후다닥 뛰어 들어가셨다. 곧이어 터지는 비명소리.

"앗, 뜨거워! 아니 이거 찬물 아니에요? 왜 이렇게 물이 뜨거워요? 보일러 틀었어요?"

"대만에 보일러가 어디 있나요? 태양표 보일러지요."

"사람을 잡을 것 같네요. 이런 곳에서 어떻게 사십니까?"

30도가 넘는 수돗물에 샤워를 하고 있으면 숨이 다 막힌다. 한국의 추운 겨울이 그리울 지경이다.

대만에서는 어지간한 예의를 지키기 위해서는 옷을 여벌로 준비해서 다녀야 한다. 그렇지 않으면 땀 냄새 때문에 못 견딘다. 에어컨이 있는 곳으로만 다니면 모르지만, 우리처럼 현장에서 뛰어야 하는 선교사들에게는 불가능한 일이다.

"대만에는 겨울이 없어서 좋겠네요."

어떤 분은 이렇게 부러워하기도 한다.

"대만의 겨울보다는 차라리 여름의 무더위가 낫답니다."

여름에는 에어컨을 틀 수 있어 그나마 낫다. 대만의 겨울 기온은 10도 안팎이지만, 뼛속을 후비는 것 같은 축축한 바닷바람이 불어온다.

대만에 처음 왔을 땐 멋도 모르고 겨울에 반팔을 입고 자전거를 타고 돌아다녔다. 땀을 흘려가면서.

그래서 얻은 것이 있다. 일 년 만에 관절염과 신경통이 생겼다.

몇 년이 지나 나도 대만의 기후에 적응이 되었다. 겨울이면 이곳 사람들처럼 털 점퍼를 입고 마스크를 쓰고 장갑도 끼고 다닌다. 여름에는 더운 물로, 겨울에는 차가운 물로 샤워를 한다. 대만의 차가운 시멘트 바닥에도 잘 견디고 있다. 이제는 대만 사람이 다 되어서 더 이상 한국의 목욕탕과 사우나가 그립지도 않다고 생각했는데, 이번 추석에는 생각지도 못한 선물을 받았다.

우울증으로 힘들어하면서도 신앙생활을 잘 하고, 남편까지 교회에 나오게 된 수웨이위에가 공짜 티켓이 있으니 자기네 가족들과 함께 어디를 놀러가자고 하였다. 우리는 어디로 가는 지도 모르고 따라 나섰다.

세상에, 대만에 이런 곳도 있다니!

섭씨 14도 밖에 안 되는 냉탕도 있고, 한국 같은 뜨거운 찜탕도 있다.

수웨이위에는 여기저기 나를 데리고 다니면서 이런 곳이 한국 사람들이 좋아하는지 어떤지 궁금해 했다. 왜 안 좋겠는가.

나는 냉탕에도 들어가고, 뜨거운 찜탕에도 들어가고 사우나를 즐겼다. 수웨이위에는 이렇게 차가운 냉탕에는 들어가 본 적이 없고 손만 대기도 처음이라면서도 나를 따라다녔다. 나는 수웨이위에의 친절한 마음에서 주님의 깊은 사랑을 느낄 수 있었다.

사랑하는 자녀들을 환경이 아주 다른 대만 땅에 선교사로 보내놓으시고 안타까워 친구를 통해 사우나를 예비하신 우리 주님!

주님의 덕분에 얼마나 감사한 추석을 보냈는지 모른다.

우리와 동행하시는 주님

중국사람들은 체면과 관계성을 아주 중시한다.

교회에서도 마찬가지다.

요즘처럼 사회가 혼란한 상황에서는 전도하기가 날로 어려워지는데 특별히 미신과 우상숭배가 가득한 대만에서는 정신병자들이 날로 늘어간다.

우리 부부가 인도하고 있는 성경공부모임에 정신질환이 있는 사람 셋이 더 들어왔다. 20명 가량 모이는 모임에 정신이 온전치 못한 사람이 여덟 명이나 되었다. 한 자매는 사회적으로 성공한 사람이 많은 다른 모임으로 옮겨가 버렸다.

50대의 황 선생님은 우리 모임에 들어올 연령이 아닌데도 그쪽 팀리더가 자신은 도저히 감당을 못하겠다면서 우리 모임으로 보냈다.

대만 사람들은 아무리 교인이라고 해도 정신이상이 있는 사람 옆에는 앉으려고 하지 않는다.

우리는 감사한 마음으로 황 선생님을 받았다.

황 선생님은 미국에서 목회를 하고 있는 이모의 중보기도로 교회에 나왔다. 집안에 있던 우상들을 한 트럭이나 버렸다고 한다. 그러나 교회 안에서는 아무도 그를 돌봐주지를 않았다.
우리 부부의 보살핌을 받으며 함께 기도하고 성경을 읽으면서 그분은 눈동자가 초롱초롱해지고 부활절에는 세례까지 받게 되었다. 이제는 누가 봐도 정상적인 사람이 되었는데도 아직도 그분을 곱지 않은 시선으로 보는 교인들이 있어 마음이 안타깝기만 했다.

용친 형제의 둘째 누나가 네 번째로 병원에 입원을 했다.
두 번째 입원할 때부터 퇴원하면 교회에도 다니고 세례도 받겠다고 그렇게 단단히 약속을 했으면서도 퇴원하면 교회 문턱에도 오지 않는 자매님이다.
병원에 가보니 그 자매의 온몸에 암세포가 퍼져 복수로 배는 불러오는데, 식도로도, 연결된 호스를 통해서도 물이 빠지지를 않는다. 담당의사가 귀가해버려 연락을 해야 한다고 했다.
우리는 단단해진 배와 고통으로 얼굴마저 창백해진 자매의 손을 잡고 눈물로 기도했다.
"주님, 이 여인을 불쌍히 여겨 주십시오. 다시 한 번 기회를 주세요. 살 길을 열어주세요. 주님께서 한 번만 더 친히 안수하여 주시고 주님의 살아계심을 알게 하여주세요. 예수님의 이름으로 기도합니다. 아멘!"

"터졌어요!"
우리가 기도를 마치는 순간 단단한 배에서 노란 복수가 한 바가지나 쏟아져 나왔다. 의사와 간호사들이 들어왔다. 귀가한 의사를 부르지 않아도 될 만큼 자매는 안정을 되찾았다.

나는 작정하고 자매 옆에 앉아 예수님을 영접하자고 강력하게 말했다.

"이제 주님을 영접합시다. 이런 기적을 보고도 또 미루실래요? 저를 따라서 기도합시다. 전능자 하나님! 저를 죽음의 고통에서 구해주심을 감사드립니다. 제 영혼이 영원한 죽음에서 구원받기를 원합니다. 저를 도와 주안에서 살게 해주세요. 제 안에 있는 모든 더러운 영과 세포를 깨끗하게 해주세요. 예수님의 이름으로 기도합니다. 아멘."

그 자매의 머리맡에 주기도문과 다른 여러 가지 기도문을 놓아주었다. 머리카락이 다 빠지고 나보다 훨씬 더 늙어 보이는 그녀를 두고 돌아오는 마음이 얼마나 답답했는지 모른다.

얼마나 많은 사람들이 고통과 위기의 순간에 하나님을 부르는가.

그러나 하나님의 도우심을 입고도 그 놀라운 기적을 "우연"이라고 넘겨버린다.

다시 고통과 불안과 죽음의 공포 속에서 헤매는 불쌍한 영혼들.

예수님은 도마에게 이렇게 말씀하셨다.

" 도마에게 이르시되 네 손가락을 이리 내밀어 내 손을 보고 네 손을 내밀어 내 옆구리에 넣어 보라 그리하여 믿음 없는 자가 되지 말고 믿는 자가 되라"(요한복음 20:27)

믿음이 눈으로 기적을 본다고 생기는 것이 아니다.

하나님에 대한 신뢰와 은혜를 통해 오는 것이다.

나는 살아계셔서 우리와 동행하시고, 내 기도를 들어주시는 예수님을 믿기에 매일 기쁘고 설렌다.

내일은 어떤 기적으로 우리를 인도하시려나.

내가 이스라엘 가운데 칠 천인을 남기리니

대만 선교사로 사역을 하면서 나는 얼마나 많이 기도 했는지 모른다.

처음에는 중국어 때문에 기도했다.

"주님, 저는 서른이 넘어 중국어를 배웠습니다. 언어가 부족합니다. 제 입에 언어를 넣어주실 분은 주님밖에 없습니다."

인형극 사역을 본격적으로 시작하면서 막막할 때가 너무나 많았다. 아이디어가 떠오르지 않아 포기하고 싶었고, 샘플을 만들어야 하는데 재료비가 없어 가위를 든 채 기도를 하기도 했다.

"주님, 종이가 필요합니다."

"주님, 자료들을 저장해 놓을 컴퓨터가 필요합니다."

"주님, 제 손목에 혹이 생긴 것 보이시지요? 더 이상 스케치를 못합니다. 디지털 카메라 하나만 주세요."

"고물 재봉틀이라도 하나 줍게 해주세요."

우리 하나님은 이 모든 것을 완벽하게 책임을 지셨다.

인형극단에서 함께 일할 동역자를 구할 때도 주님께서 함께하셨다.
"나와 같은 마음을 가지고, 나의 부족한 은사를 채워줄 수 있는 동역자를 위해 기도합니다. 중국어를 잘하고, 인형극 손놀림을 잘 배울 수 있고, 회사를 결근 하더라도 저와 함께 유치원과 초등학교에 가서 인형극 전도를 할 수 있는 신실한 동역자를 주십시오."
대가도 없는 이 일에 열 명이 넘게 서원을 해주었다.
하나님이 마음에 감동하심을 준 아름다운 믿음의 친구들이었다.

그런데 문제가 생겼다.
무더위 속에서 혼자 그림을 그리고, 천을 오리고, 바느질을 하다 보니 과로가 겹쳐 쓰러질 지경이 되었다. 숨을 쉴 수가 없었다.
육체적인 과로보다 더 심각했던 문제는 내 마음 안에 있었다.
내가 절망한 이유는 "나 밖에 없고"였다.
'인형극으로 요나 이야기를 꾸밀 사람은 나 밖에 없고, 그림을 그릴 사람도 나 밖에 없고, 입체감이 나도록 바느질을 할 사람도 나 밖에 없고, 시간은 부족한데 요나인형을 만들 사람도 나 밖에 없고……'
이것이 나를 더욱 지치고 병들게 했다. 나도 모르게 마음이 약해져 죽음을 소망하는 기도까지 할 정도였다.
"주님, 지금 넉넉하오니 저를 거두셔도 됩니다. 다솜이와 다민이만 책임져 주십시오."
얼마나 큰 교만이었는지 모른다. 주님은 당신의 사역을 위해 내 곁에 칠천 인을 준비해두셨던 것이다.
같은 집에 살고 있던 와니타 선교사가 먼저 내 몸의 심각성을 알아차렸다. 선교사는 울면서 나한테 휴식을 하라고 강권을 했다.

수웨이 자매는 보약을 가져오고 우리 아이들 식사까지 책임져주었다.

기적 같은 일은 계속 일어났다.

봉제공장에서 일하는 진하오 자매가 밤을 새워서라도 회사 재봉틀로 그 많은 인형극 재료들을 박아주겠다고 나섰다. 사장의 눈치를 보면서도 12시가 넘도록 자기 책임을 다해주는 자매를 보며 하나님께서 대만을 포기하지 않으시는구나, 하는 것을 믿게 되었다.

시오타오 자매에게서도 전화가 왔다.

"사모님, 뭘 좀 돕고 싶은데 지난번에 만든 요나의 물고기가 마음에 안 든다고 하셨지요? 제가 다시 한번 만들어보고 싶은데 어떻게 생각하세요?"

할렐루야!

더 놀라운 일도 생겼다.

어떤 자매가 자기가 인형을 제작하는 사람을 알고 있다면서 밤중에 나를 끌고 갔다.

애미라는 인형 제작자의 집이었다. 나는 그 집에 들어서는 순간 마음이 설레기 시작했다.

"그래, 이 분이 주님이 준비해 주신 분이구나!"

애미는 지금은 교회에 다니지 않지만 어릴 때 다닌 적이 있다면서 무엇이든지 힘닿는 대로 도와주겠다고 약속을 했다. 애미는 여러 종류의 물고기 인형들을 기증해 주었다.

"좀 더 일찍 만났더라면 더 많이 도왔을 텐데……."

애미는 아쉬워했다.

주님 이 분을 축복해 주옵소서!

인형극이라는 것을 처음 해보는 일곱 명의 단원들과 초등학교 세

곳을 방문해서 1,200명이 넘는 어린이들 앞에서 공연을 했다. 어떤 분이 문방구 용품들을 몇 상자 기증을 해주어 이것으로 아이들에게 줄 선물도 마련했다.

더위에 땀을 흘려가며 열심히 인형들을 움직인 초보 인형극 단원들은 기쁨에 넘치는 간증을 하며 계속 자신들을 써달라고 부탁해왔다. 많은 유치원과 학교에서 인형극 공연을 해달라는 요청이 들어오고 있다.

우리 인형극을 보고 싶으나 볼 수 없는 사람들을 위해 CD로도 제작이 되었다.

아무 것도 없이 시작했는데 모든 것이 넘치고 풍성하게 채워졌다.

나 혼자였으면 아무 것도 못했을텐데, 하나님이 보내주신 동역자들과 연합하니 놀라운 사역이 이루어진 것이다.

나만이 할 수 있다는 생각과 남에게 부탁하기 어려워하는 것이 주의 사역에 얼마나 방해가 되는 것인가.

주님의 나라는 형제자매들과 함께 엮어나가야 하는 것이다. 깊은 깨달음이었다.

5부

열매들

이르시되 그물을 배 오른편에 던지라 그리하면 잡으리라 하시니
이에 던졌더니 물고기가 많아 그물을 들 수 없더라 _ 요한복음 21:6

주의 종 왕교수님

남편인 박 목사의 중국어 능력이 향상되면서 우리가 한국에서 해 왔던 대학생 선교사역을 대만에서도 하길 원했다. 우리는 이곳저곳 대학을 돌아다니며 대만의 대학생들을 어떻게 하면 복음화 할 수 있는지 길을 열어주실 것을 기도했다.

그러던 중 성공대 앞의 장로교회에서 지원하는 대학생 복음단체를 알게 되었다. 우리는 자주 그들의 모임에 참석하며 대만 대학생들의 상황을 익혀나갔다. 남편은 이곳에서 성경을 가르치며 대학생 복음 사역의 꿈을 실현하기 시작했다.

왕칭위 교수님은 성공대에서 헌법을 가르치는 교수였다. 성공대는 국립대학으로 이곳에 소속된 교수가 학교에서 공개적으로 성경을 가르칠 수 없었다. 교수님은 우리와 협력사역을 하길 원했다.

교수님은 자기 강의에 참석하는 학생들을 열 명씩 조를 짜서 자기 집에 초대할 테니 박 목사님이 와서 성경을 가르쳐달라고 했다.
정말 지혜로운 방법이었다. 우리는 감사함으로 이 사역에 동참했다.

남편은 마태복음과 요한복음을 강해하며 집중적으로 예수님을 전했다.
상당히 높은 수준의 강의였다. 예수님에 대해 처음 듣는 학생들에게 복음을 전하려면 쉬운 내용을 반복적으로 전하는 것이 더 나을 것 같았다. 내가 이런 생각을 말했더니 남편의 뜻은 다른 곳에 있었다.
"나는 학생들보다 왕 교수님이 사역자가 되길 바라고 있습니다."
남편은 이 신실한 크리스천 교수에게 체계적으로 성경을 가르쳐서 전적인 사역자로 세우려는 계획을 갖고 있었다.

성공대는 대만에서 상당히 높은 수준급의 학교였다. 학생들도 종교에 관심이 높았고, 태도도 좋았다. 질문도 날카로웠다. 이들이 크리스천이 되어서 대만 사회에 나가면 많은 영향력이 있는 기독교인 지도자가 될 수 있을 것이었다.
왕 교수 부부와 우리 부부는 학생들에게 단순히 성경 지식만 가르치는 것이 아니라 진정으로 거듭난 크리스천이 되도록 열심히 중보기도를 했다.
남편과 왕 교수님이 학생들과 성경공부를 할 때면, 나와 왕 교수님 부인인 장 전도사는 정성스럽게 음식 준비를 해서 식탁전도를 했다.
왕 교수님은 학부에 기독교를 전할 수 있는 교양과목을 개설했다. "기독교와 인생관" 시간이었다.
처음에는 수강신청하는 학생 수가 적으면 어떻게 하나 많은 우려를 했지만 그것은 기우였다. 한 학기에 백여 명씩이나 수강신청을 했다.

왕 교수님은 점점 신앙이 깊어져서 남편과 성경공부를 한지 5년 후 정말 신학교에 입학했다. 왕 교수님은 전도사를 거쳐 목사안수를 받으셨다. 왕 교수님은 현재 교수직을 사임하고 에덴교회 담임목사님이 되셨다.

왕 교수님 부부!

드디어 우리가 대만에 도착하여 그토록 기도하던 현지 동역자를 주신 것이다.

피터 수수, 바울같은 회심

우리 아이들이 피터 수수(삼촌)라고 부르는 주의 사랑하는 아들이 있다.

그의 아버지 차이 목사님은 많은 교회를 지으시고, 대만에 거주하는 선교사들을 돌보신 분이셨다. 어머니는 교대를 나와 사립유치원을 여러개 세워 타이난에서 내로라하는 부자로 산적도 있었다. 그러나 작은 아들이 마약에 빠져 감옥에도 가고, 수차례의 재활치료를 하면서 가세가 기울었다.

목사님의 큰 아들인 피터는 종교 자체를 부인하는 무신론에 빠졌다. 머리가 좋고 유창한 언어능력을 가진 그는 명문 대학을 졸업하고도 마땅한 직업이 없이 어머니가 운영하는 유치원의 실무를 담당하고 있었다.

우리 아이들이 차이 사모님의 도움으로 그 유치원에 들어갔을 때,

피터는 내가 목사 사모임을 알고 있음에도 불구하고 나를 "부타이타이(박씨 아주머니)", 남편 박 목사에게는 "부빠빠(박씨 아빠)"라고 불렀다.

차이 사모님은 우리 아이들의 유치원비를 받지 않겠다고 했지만, 우리는 형편이 되는대로 일정액의 원비를 냈다. 예수님을 믿지 않고 목사들에게 반감을 갖고 있는 피터가 혹시 우리를 부정적으로 보고 주님을 욕되게 할까 염려해서였다. 우리 부부는 피터에게 항상 조심하고 깍듯하게 섬겼다.

차이 사모님과 우리 부부는 피터를 위한 중보기도를 쉬지 않았다. 결국 그는 주님 앞에 엎드리게 되었다. 그는 완전히 딴 사람으로 거듭났다. 소돔과 고모라 같은 대만을 하나님께서 심판하러 오셨다가 피터를 만나 그 계획을 바꾸실 것 같은 위대한 신앙인의 모습이 나타났다.

피터는 이전에는 아주 차가운 성격이었으나 변화된 후에는 신실하게 온 정성으로 학부형들과 학생들을 대했다.

학부형들을 전도하기 위해 피터는 남편에게 학부형 교육을 맡겨주었다. 어머님들을 전도하러 갈 땐 나와 같이 심방을 했다.

피터는 믿기 전에는 아무렇지도 않게 봐왔던 그 가정들이 예수님을 영접하고 나자 얼마나 불행한가를 알게 되었다고 한다. 그는 한 가정 한 가정 문제들과 기도제목을 나에게 알려주었다. 피터는 문제가 있는 가정의 남편을 먼저 만나고, 그들의 아내는 나와 만나게 주선해 주었다.

주님을 체험한 피터는 하루아침에 변화하여 예전의 모습은 자취를 찾아볼 수 없었다. 예수에 대해 말도 하기 싫어하던 그가 '패션 오브 크라이스트'영화를 자기 돈으로 모든 친구들을 초청해서 보여주고 성경을 선물했다.

성령이 충만한 피터는 유치원을 동생에게 맡기고 평신도 전도자가 되기로 결심했다. 그의 아내는 유명한 펀드매니저인데 교회에 다니지 않는데도 피터의 선택을 반대하지 않았다. 차이 사모님은 아들이 변화되기를 침묵으로 기도하며 기다리듯이 며느리의 회심도 또 그렇게 기도하며 기다렸다.

타이난에는 십여 년 넘게 일 년 중 반은 타이난에서 선교를 하고 반은 동남아를 돌아다니며 선교를 하는 커 목사님 부부가 있었다.

목사님은 미국분이고 사모님은 한국분이셨다. 한국에 미군으로 왔다가 사모님을 만나 선교사가 된 커 목사님은 중국어를 못하셨다. 항상 통역이 필요한 분인데. 통역관를 돈을 주고 고용할 형편은 못 되었다.

커 목사님은 기존 교회가 있는 곳에서 선교사가 교회를 개척하는 것을 반대하는 분이었다. 선교사가 교회를 개척하다보면 자기 목회에 집중하게 되어 더 다양한 계층의 대만인들을 도울 수 없다는 것이 그분의 생각이었다.

커 목사님은 대만의 기독교인들을 순수복음주의자로 만드는 일과 상담하며 가르치고 복음을 전하는 일을 주로 하셨다. 그분의 직설적이고 복음주의적인 권면과 가르침은 대만인들에게 큰 도움이 되었다.

피터가 커 목사님의 통역관 일을 자청했다. 동남아를 순회할 때는 자비를 들여가며 통역도 하고 선교도 했다. 자신의 뛰어난 능력과 언변의 은사도 커 목사님의 말씀이라며 겸손하게 뒤로 물러섰다.

그는 어느 교회든지 도움이 필요하면 달려갔고, 예전에 자신을 "목사 아들이란 것이 행동이 저게 뭐냐?"며 비난하던 교인들 앞에서도 겸손한 양의 모습으로 그들을 섬겼다.

우리 부부는 피터에게 신학교에 입학하기를 권했다. 그러나 그는 아내가 예수님을 영접할 때까지 기도해 보겠다고 거절했다.

주님을 영접한 후 열정과 겸손과 사랑으로 헌신하는 피터 수수에게서 우리는 사도 바울의 향기를 맡을 수 있었다. 우리는 믿는다. 그는 대만 뿐만 아니라 세계를 향한 주의 복음의 사도가 될 것이라고.

폭력남편 폭력아내, 싸오 부부

피터 수수를 통해 우울증과 심각한 부부문제를 안고 있는 대만의 많은 가정들을 만나게 되었다. 처음에는 이렇게 문제가 많은 사람들이 있나 하고 놀랐고, 그 다음은 아무리 이들을 상담하고 기도로 도와줘도 그 때뿐이지 잘 변화되지 않는다는 것에 놀랐다.
어떻게 도와야할지 암담하고 너무 힘들어서 나는 대학에서 상담학 강의를 청강하기도 했다.

그중 나를 가장 지치게 했던 부부가 싸오라는 치과의사 부부였다.
남편은 대만에서 가장 유명한 대학교의 치과대학을 졸업하고 개인병원을 운영하고, 아내는 법대를 졸업한 부유한 집안의 딸이었다. 이 부부는 피터의 오랜 친구였는데 부부싸움의 정도가 칼부림까지 갈 정도로 험악했다.
피터가 완전히 변화된 모습에 싸오는 아침마다 우상 앞에서 제사를 지내는 대만 토속신앙인 임에도 불구하고 기독교에 호감을 갖게 되었다.

우리는 같은 연령대여서 친구처럼 자연스럽게 만나게 되었다.

싸오는 남편이, 그 부인은 내가 맡아서 성경공부와 기도와 상담을 했다.

이 부부는 우리와 함께할 땐 "아멘"으로 받아들였다가, 집에 돌아가면 다시 폭력남편과 폭력아내가 되었다. 밤에 싸우면 우리가 달려가야 했다. 낮에 환자들이 있는데도 싸움이 시작되면 남편이 달려가서 이들의 싸움을 말렸다.

어쨌거나 싸오의 아내가 교회에 나오고 아이들도 주일학교에 다니게 되었다.

싸오는 나에게 제발 자기 아내를 데리고 다녀달라고 부탁했다. 내가 활동하는 모든 곳에 나는 그의 아내를 데리고 다녔다.

싸오의 아내는 심각한 우울증에 의부증까지 있었다. 나는 그녀를 정신과에도 데리고 갔다. 그녀는 말주변이 좋았고 똑똑했다. 의사선생님조차 "괜찮습니다"라고 말할 정도였다.

싸오는 아내가 교회에 갔다 오면 그래도 많이 변한다면서 교회의 모든 행사와 예배, 심지어 매일 우리 집에 놀러가게 했다. 아이들도 학교를 마치면 우리 집으로 왔다.

내가 전도하러 가면 따라오고, 요리를 하면 내 옆에 앉아 있다가 내가 챙겨준 요리를 들고 가 남편과 아이들에게 먹였다.

그러나 그 다음 날이면 또다시 불평이 반복되었다.

"우리 남편이 얼마나 꽉 막힌 사람인지 아세요? 아침에 일어나면 옆에 누워있는 남편이 미워죽겠어요."

나는 같이 기도하고, 위로하고, 크리스천 아내가 해야 할 일을 가르쳐주었다.

"오늘부터 아침, 저녁 아이들과 남편을 안아주고, 뽀뽀해주고, 다독여주고, 맛있는 요리로 식탁도 차리고 더 많이 사랑해 줍시다."

싸오의 아내는 겨우 자신의 잘못을 깨닫는 것 같았지만 며칠 후엔 또 싸움이 벌어졌다.

나는 교회에 다녀도 인간의 성격교정은 정말 힘들다는 것을 뼈저리게 느꼈다.

절대로 변하지 않을 것 같았던 폭력부부 두 사람도 예수님의 은혜로 조금씩 싸움이 잦아들었다.

싸오 부인의 신앙은 훌륭하게 성장해서 지금은 교회의 리더가 되었다. 남편인 싸오는 아직도 예수님을 믿지는 않는다. 하지만 교회에서 구제를 할 때나 큰 행사가 있을 때마다 헌금을 한다. 언젠가 그도 집에 모시는 사당을 치우고 예수님 앞에 무릎 꿇을 날이 올 줄을 믿고 있다.

아름다운 향기, 황리향 선생님

황리향 선생님은 초등학교 선생님으로 광적인 불교신자였다.

직업 없이 떠돌며 폭력을 일삼는 남편과 이혼 후, 두 딸을 혼자 키우신 분이다.

2년 전 예수님을 영접하고 학교 선생님이라기보다 전도사적인 삶을 살고 있다.

황 선생님은 학교에서도 학생들과 학부모들에게 열심히 전도를 한다. 주일이면 황 선생님이 데리고 나오는 학생들이 주일학교를 꽉 채울 정도다.

방과 후에는 가정방문도 하고 자기 집을 개방해 학생들을 전도한다.

심방 때마다 아이들이 좋아하는 빵과 음식들을 챙기다보니 한 달 월급이 모자랄 지경이다.

예수님을 믿은 후 황 선생님은 과거에 친분이 있었던 사람들을 찾아다니면서 일일이 사과를 했다.

"과거에 내가 하나님을 몰라 불교를 전도했는데 정말 잘못했다. 예수를 믿어야 영생한다."

주님을 얼마나 단순하고 열정적으로 사랑하는지 그녀의 입에서는 "감사 예수, 예수 사랑"이 떠나질 않는다. 같은 학교 교사들은 황 선생님을 만나면 아예 먼저 "감사 예수, 예수 사랑"을 외친다.

하루는 황 선생님이 타이난의 유명한 제과점에서 내가 제일 좋아하는 치즈케이크와 여러 맛있는 빵들을 사오셨다. 나는 농담 삼아 물었다.

"오늘이 내 생일인가요?"

그 날은 진짜 내 생일이었다. 나도 잊어버린 생일을 황 선생님이 챙겨주신 것이다.

황 선생님과 우리 집은 상당한 거리를 두고 있음에도 이분은 퇴근 후에 봉지 봉지 무엇이든지 싸들고 우리 집을 찾아오신다.

어느 날, 황 선생님이 우리 딸의 안색이 좋지 못하다고 하면서 병원에 가자고 했다. 나는 솔직하게 우리 딸이 처해있는 어려움에 대해 말씀드렸다.

다솜이의 선생님은 불교 광신자로서 매일 학생들에게 "아미타불"을 낭송하게 하는데 다솜이가 따라하지 않으니까 체벌을 한다. 다솜이는 이것이 두려워 학교 가기를 무서워하고 심장발작까지 일으켰다. 학교에 전도하러 다니는 내가 다솜이 선생님을 상대로 종교싸움을 할 수가 없어 기도만 하고 있었다.

황 선생님은 내 말을 다 듣고 나서 이 문제를 자기에게 맡기라고 했다.

선생님은 과일상자를 사들고 다솜이 담임선생님을 찾아가셨다. 같은 초등학교 교사로서 다솜이의 기독교신앙을 이해해 달라고 특별히 부탁을 하셨다.

내가 아이들 학급회의에 참석할 때면 혹시나 외국인 엄마가 어려움을 당할까봐 자신의 학교도 아닌데 밤늦은 시간에 열리는 회의에 동행해 주시기도 했다.

하루는 딸아이가 학교 준비물이 필요해 돈을 털어보니 30NT밖에 없었다. 준비물을 사려면 적어도 100NT는 있어야 했다.

다솜이는 엉엉 울면서 나를 원망했다.

"이렇게 가난하면서 어제 학교에서 전도한다고 애들한테 돌린 초콜릿 대신 내 준비물을 사주었으면 될 거 아니에요?"

아이는 그동안 서운했던 것들을 다 쏟아냈다.

"다른 친구들은 학원도 다니고, 개인 레슨도 받는데 나는 더 공부하고 싶어도 돈 없어서 못가고…… 반장도 하고 싶은데 외국인이라고 시켜주지도 않고…… 내 이름은 지두투(기독교인)라고 불리고……."

나도 암담했다. 그래도 혹시나 30NT로 살 수 있는 게 있을까하여 우는 아이를 달래 함께 집을 나섰다.

마침 우리 집 앞에서 황 선생님이 오토바이의 시동을 끄고 있었다. 우리를 보더니 얼른 빨간색 봉투를 꺼내셨다.

"신학교에서 무보수로 학생들을 가르치시는 교수님들을 위해 헌금을 준비했어요. 자, 이건 박 목사님 것."

황 선생님은 낙심 말고 열심히 전도하자면서 내 호주머니에 봉투를 넣어주시고 부르릉 떠나셨다.

그 안에는 2,000NT가 들어있었다.

방금 전 선교사 생활에 대한 불만으로 울어대던 다솜이의 입에서 이 말이 터져 나왔다.

"이 돈 하나님이 주신 것 맞지요?"

황 선생님의 주님에 대한 사랑은 이것으로 끝나지 않았다. 두 자녀가 타이베이에 있는 대학으로 진학하자 가정에 문제가 있는 어려운 아이들을 부모님의 허락을 받고 데려다가 자신의 비용으로 양육을 했다. 선생님은 그 아이들을 데리고 교회의 모든 예배에 참여했다. 선생님은 초등학교 때부터 아이들을 훈련시켜 주님의 종으로 성장하게 하고 싶어했다.

그 가운데 몇몇 학생들이 목사가 되는 꿈을 꾸기 시작했다.

황 선생님은 학교를 퇴임하고 교회의 자원봉사 전도사를 하겠다고 밤이면 신학교 야간 강의도 청강하셨다.

우상에 찌든 대만 땅에서도 황 선생님을 비롯한 신실한 크리스천들이 있다.

그들의 회개와 찬양, 전도에 대한 열심때문에 주님께서 심판을 미루고 계심을 믿는다.

황리향 선생님으로 인해 나는 참 행복하다.

우물가의 여인, 쟈론 자매

똑똑하고 세련되고 세상물정에 밝고 깍쟁이 같은 쟈론 자매를 안 지 2년이 넘었다.

"사모님은 전도의 은사가 있는 것 같으니 이 자매 좀 맡아서 변화시켜 보세요."

대만의 어떤 한의사가 그 자매를 나에게 소개하면서 한 말이었다. 그분은 자매에 대한 아무 정보도 주지 않았다.

직업도 가정도 없는 자매가 호화롭게 생활할 수 있다면 과연 그 여자는 어떤 일을 하는 것일까. 영화나 소설에서나 접할 수 있는 복잡한 사생활을 가진 여자를 나같이 고지식한 크리스쳔이 진심으로 "자매"라고 부르기까지는 성령님의 인도하심과 인내심이 필요했다.

어떻게 도와야 할 지 막막하고 꺼려지는 사람을 대할 때 나는 우선 마음을 가볍게 해서 준비를 한다.

'좋아, 공짜로 현지인과 중국어를 공부한다고 생각하자.'
우선 쟈론과 일주일에 두 번 성경공부를 하기로 했다.
워낙 머리가 빠른 자매라 말씀을 이해하고, 성경을 암송하는 것은 문제가 없었다. 자매는 친절하게 나의 부족한 중국어 표현까지 고쳐 주었다.

하나님의 인도하심인지 나와 성경공부를 하는 동안 이 자매에게 시련이 닥쳐왔다. 그 시련 앞에 마음이 급해진 자매는 기도에 매달렸다. 뜨거운 마음으로 세례도 받았다. 그러나 부적절한 사생활 만큼은 정리하지 못했다. 크리스천이 되었으니 이제 결단하고 깨끗하게 살아야 한다고 내가 아무리 권면을 해도 소용이 없었다.
"그럼 나는 뭘 먹고 살란 말이에요?"
자매는 울고 불며 변명을 했다.
살아계신 하나님께서 이 자매를 긍휼히 여겨달라고 부르짖을 뿐 내가 할 수 있는 일은 정말 아무 것도 없었다.
쟈론은 선교에 보태 쓰라고 헌금을 했다. 어렵게 번 돈이라면서. 거짓되면서도 한편으로 불쌍한 그 자매는 물질을 통해서라도 자기 죄를 용서받고 싶어 하는 것 같았다.
사생활이 복잡한 자매라 어떤 사람에게도 중보기도를 부탁할 수 없었다. 나 혼자 비밀을 지켜가며 그녀의 생활이 변화되기를 기도했다.
그 자매가 어찌된 일인지 갑자기 교회에 나오지 않았다. 전화도 연락처도 없이 사라진 지 몇 개월이 넘어갔다. 나는 최선을 다했으니 이제는 하나님 손에 그녀를 맡기며 잊기로 했다.

어느 날이었다. 쟈론 자매가 자기 친구 한 명을 데리고 갑자기 나타났다. 흥분된 어조로 다짜고짜 내 손을 잡고 매달렸다.

"사모님! 이 친구도 예수님 믿게 해 주세요. 저 이제 정말 중생한다는 게 무엇인지, 성령체험이 무엇인지 알게 되었어요."

그녀의 말을 정리하면 다음과 같다.

내가 그토록 비밀로 지켜주었던 쟈론의 사생활이 우연히 교회에 퍼지게 되어 너무 창피해서 얼굴을 보일 수가 없었다고 한다. 그러는 동안 수치스러웠던 생활을 정리할 수밖에 없는 상황이 되었다. 그녀는 배신감과 미래의 두려움에 빠졌다. 문득 나와 같이 성경공부를 하면서 들었던 간증들과 성경말씀이 생각나면서 머리 위로 뜨거운 불길이 쏟아지는 것 같았다고 한다. 자매는 하나님이 자기와 함께하심을 확신하고 너무 감사해서 나에게 먼저 알리려고 달려왔다는 것이다.

기쁘고도 갑작스러운 순간이었다. 나는 빨리 기도로 성령의 도우심을 구했다.

"주님, 제게 할 말을 주시옵소서."

나와 남편은 처음 만나는 쟈론 자매의 친구에게 전지전능하신 우리 하나님을 소개했다. 우리의 간증과 성경말씀을 두 시간 넘도록 진지하게 듣는 그 자매에게 예수님을 영접하겠느냐고 물었다. 태어나서 처음으로 하나님에 대해 들어봤다는 그 자매는 "아멘"으로 응답했다.

오, 주님. 오, 나의 주님! 이 자매를 축복하옵소서!

두 자매를 보내며 나는 마치 뷔페식당에서 포식이라도 한 것 같은 포만감이 밀려왔다. 얼마나 배부르고 기뻤는지 춤이라도 추고 싶었다.

아무리 전도하기 힘든 대만 땅에서도, 아무리 전도하기 어려운 사람들에게도, 외모를 보지 않으시는 하나님은 당신의 말씀을 선포하는 것을 원하셨다.

단지 기도하면서 오래 기다려야 한다는 것을 다시 한 번 깨달은 날이었다.

자살 밖에는 길이 없어요, 동무하오 모자

"동무하오 어머니가 아들과 또 동반자살을 시도했다고 합니다. 사모님, 내일 저와 함께 심방을 가주시겠어요?"

매주 월요일마다 있는 스단부 유치원 수업을 마치고 돌아오려는 나에게 피터가 부탁을 해왔다.

아이들은 다 사랑스럽다고 여기는 나도 어떤 아이를 보면 10년간의 교직생활에 한계를 느끼는 경우가 있다. 반 친구들의 분노의 대상이기도 한 그 아이가 스단부 유치원에 다니는 동무하오다. 그 아이를 처음 봤을 때도 무언가 석연치 않아 유치원 원장님께 가정환경을 물어봤다. 아무 문제없는 완벽한 가정이라는 답변을 들은 후에는 인내와 사랑, 친절로 아이를 대하면서 변화하기를 기대했다.

아침 일찍 피터와 함께 동무하오의 집을 심방했다. 아이의 엄마는 앉자마자 7년 동안 아무에게도 말할 수 없었던 가슴에 맺힌 한을 털어놓았다.

21살, 중국 본토에서 사업을 하던 처녀가 있었다. 머리도 총명하고 상술도 있어 그 나이에 이미 자기 가게를 가지고 있었다. 어느 모임에 나가도 눈에 뜨일 만큼 날씬하고 예쁜 여자였다.

대만에서 사업차 온 그럴싸한 남자가 청혼을 해왔다. 첫사랑에 실패한 아픔이 있던 여자는 이 남자가 따뜻하게 감싸주고 정상적인 가정을 꾸릴 사람인 것 같아 결혼을 했다.

남편만 믿고 대만에 건너왔을 때야 여자는 속은 것을 알았다. 남편은 아내를 때리고 다른 여자와 외도를 일삼는 짐승 같은 사람이었다. 그래도 여자는 이미 생겨버린 어린 아들을 생각해서 참고 살기로 했다.

여자는 공장 한쪽 누덕누덕 기운 숙소에서 더러운 먼지를 마셔가며 일을 했다. 지옥 같은 세월이 흘러 이제는 아름다운 집도 마련했는데 남편은 여전히 다른 여자와 노름에 빠져 가구까지 팔아먹었다.

"그것도 모자랐는지 이젠 남편은 비행기 표를 끊어주면서 친정으로 돌아가라고 매일 협박을 해댑니다. 딴 여자와 결혼을 한다면서……."

며칠을 굶으면서 울고 울었는지 동무하오의 어머니 얼굴은 퉁퉁 부어있었다. 밤이면 헛소리까지 나오고 두려움에 떠는 어린 아들은 "엄마 가지마!" 하면서 운다고 한다. 이제는 자기도 자기 자신이 무섭다고 했다.

"나는 길이 없어요. 우리 아들과 함께 동반자살 하는 것 밖에는……."

들으면서 얼마나 가슴이 아파오는지 가라앉았던 심장의 통증이 도지는 것 같았다.

"이런 천벌을 받아 죽을 놈……."

나도 모르게 그 남편에 대해 한국어로 욕이 나왔다.

다섯 시간 동안 우리는 동무하오 어머니의 이야기를 들으며 함께 울어주었다. 도대체 내가 할 수 있는 권면이 있기는 있는 것일까?

"주여, 기도를 들으시는 주여! 동무하오의 어머니를 긍휼히 여기사 이 여인의 눈물을 당신의 손으로 닦아주소서."

나는 이 자매가 남편의 학대로 완전히 바닥에 내려앉은 자신을 일으켜 절망과 우울증을 이길 수 있는 힘을 주시기를, 또 자존심 때문에 단단하게 세운 마음의 벽을 헐고 우리와 교제하며 십자가의 사랑을 알 수 있도록 기도했다.

그후 동무하오의 어머니는 디모데 모임에 참석했다. 여러 형제자매들은 그녀와 아이를 위해 중보기도를 했다. 그러나 여전히 그녀의 남편은 아내를 쫓아내려고 했다. 나는 그녀가 아파트에서 투신할까봐 불안한 마음으로 지내야 했다.

11월 26일. 드디어 그 자매가 비행기를 타고 중국 본토로 돌아가는 날이었다.

나는 여러 동역자들에게 기도를 부탁하고 나도 금식하며 기도했다.

"하나님 이 가정을 지켜주시옵소서."

놀랍게도 동무하오의 아버지는 마음을 바꿨다. 아내에게 마음을 열고 대화하기를 원했고, 대만에 남아서 가정을 지켜달라고 했다. 동무하오의 어머니는 통크게 그 남편의 제안을 받아주기로 결정했다. 오직 아들을 위하여.

나는 자매에게 이왕 머물기로 했으니 이제는 남편을 사랑할 마음까지 한번 가져보라고 했다.

"그건 죽을 때까지 불가능해요."

동무하오의 엄마는 못을 박았다.

"좋아요. 그건 천천히 하고 우선 건강부터 되찾읍시다. 눈부시게 행복해져서 남편에게 복수합시다."

동무하오의 어머니는 병원에 가서 위장병부터 치료하겠다고 했다.

얼마나 안심이 되고 기쁜지 아침부터 금식했던 차에 점심을 맛있게 먹어치웠다.

죽음 직전까지 가는 고통 속에서도 가정을 지키려고 했던 이 자매의 진심을 하나님께서 귀하게 보신 것 같다. 요즘 얼마나 쉽게 이혼을 하고 가정을 버리는가. 어린 동무하오의 불안한 과잉행동은 부모의 불행으로부터 온 것이었다.

깨질 수밖에 없었던 동무하오네 가정이 극적으로 화합되는 것을 보면서 하나님께서 가정을 얼마나 귀하게 여기시는지 다시 한번 생각하는 하루였다.

하나님이 준비하신 천사, 이쟈 자매와 수쩐 자매

대만 사람들은 나이와 상관없이 친구관계를 맺는다. 그리고 친구가 된다는 것은 곧 '가족'이 된다는 뜻이다.

내가 대만에 와서 놀랐던 것이 많은 사람들이 "나는 친구가 없다"는 말이었다. 심지어 외국인인 내가 자기의 첫 친구라는 말을 들은 적도 많다. 대만에서는 친구가 단순히 같이 통하는 사람이 아니라 '가족'이라는 개념이 들어가기 때문인 것을 나중에야 알게 되었다. 한 번 친구가 되면 그 사람의 가족은 물론이고 주변 사람들과도 깊은 연관성을 갖게 된다.

우리가 처음 이쟈 자매를 알게 된 것은 그녀가 막 전문대학교를 졸업할 때였다. 그녀는 교회의 열심 있는 청년이었다. 그녀의 부모님은 과일주스를 파는 가게를 했다.

이쟈 자매의 어머니는 모태신앙이었지만 교회에서 상처를 받아 교회를 나오지 않고 있었다. 자신의 엄마가 우리와 친해지면서 이쟈 자매는 우리 아이들의 언니가 되어주었다.

이쟈 자매는 우리 아이들이 대만의 초등학교를 다니면서 혹시 기가 죽거나, 왕따라도 당하지 않을까 염려해서 반 전체 학생들에게 음료수와 크리스마스케이크 등을 선물했다.

우리 부부가 교회 일로 바빠 아이들을 돌볼 시간이 없으면, 이쟈 자매가 두 아이들을 데리고 야시장에도 가 주었다.

이쟈 자매는 나중에 자신의 식당을 차렸다. 아침식사 전문인 이 식당은 우리 아이들이 언제든지 가서 공짜로 먹을 수 있는 식당이 되었다. 정말 우리 상식으로는 이해할 수 없을 정도의 무조건적이고 한없는 사랑을 우리 두 아이들에게 베풀어주었다.

수쩐 자매는 시장 안에서 화장품을 팔고 있는 40대 가정주부. 처음 만났을 땐 그렇게 깍쟁이 같고 철저하게 벽을 쌓고 살던 자매였다. 그러나 우리와 함께 성경공부와 기도모임을 가지면서 변화하기 시작했다.

어느 날 수쩐은 시장 안을 헤매며 구걸을 하고 정신착란증세가 있는 자매를 성경공부에 데려왔다.

"선교사님 가정이 이 자매 좀 어떻게 한번 해보세요."

사람들이 곁에 서있기 조차 싫어하는 핑화 자매를 사랑과 인내로 보살펴주고, 저녁 기도모임에도 데리고 다니니까 핑화 자매는 수쩐의 가게에서 아예 살다시피 했다. 손님들이 싫어해도 수쩐은 점잖은 말씨로 이 자매의 언행을 지도했다.

수쩐은 핑화 자매가 경제적으로 홀로 설 수 있도록 자기 가게 앞에 조그만 테이블 하나를 놓아주고 아침 일찍 도매시장에 나가 양말을 떼다가 팔게 해주었다. 핑화 자매는 비록 얼마 안 되는 수입이지만 얼마나 자랑스러워하는지 모른다.

"사모님! 오늘 양말 350원어치 팔았어요. 할렐루야!"

언젠가는 자기가 있던 정신병원에 가서 거기에 있는 친구들에게 양말을 팔아 600원을 벌었다고 했다. 돈이 문제가 아니라 병원을 나가서도 살 길이 있다는 걸 보여주고 싶었다고 했다. 핑화 자매는 나를 꼭 껴안고 눈물까지 흘렸다.

오늘날 같이 각박한 사회에서 사랑하고 존경할 수 있는 사람들이 곁에 있다는 것이 얼마나 행복한가. 오직 주님만 믿고 대만 땅으로 온 선교사 가족을 자신의 친 가족처럼 사랑해주는 자매들은 하나님께서 준비하신 천사들이다.

세례는 다음에요, 수웨이위에

선교사로서 진정한 현지인 친구를 얻을 수 있는 축복은 엄청난 축복 중에 하나다.

어디든 같이 가주고, 무슨 말을 해도 다 받아주는 사춘기 때처럼 마냥 같이 놀던 그런 죽마고우 같은 친구, 바로 수웨이위에 나의 친구다.

대만에 와서 내가 처음으로 한 일은 교회에서 아이들을 대상으로 운영하는 토요 문화학교였다. 그런데 아이들을 데리고 오는 엄마들을 위한 프로그램도 하나 있었으면 해서 개설한 것이 지점토와 색종이접기, 요리 등을 가르치는 교실이었다.

그 중 참 예쁘고 손재주가 좋은 엄마가 있었다. 성격도 좋고 이것저것 가르치느라 바쁜 나를 열심히 도와주는 사람, 수웨이위에였다.

그녀는 남아존중 사상을 가진 부모님으로부터 무시당하고, 남편과

도 사이가 좋지 않아 우울증과 외로움 속에 살고 있었다. 완전히 자존감이 상실된 상태였는데, 나를 만나면서 자신의 삶을 다시 한번 생각하는 계기가 되었다고 한다. 나는 이 자매를 전도하기로 마음을 먹고 우리 성경공부모임에 자매의 온 가족을 초청했다.

마침 수웨이위에의 남편은 우리 남편 박 목사와 동갑이었다. 그녀의 남편은 어려운 직장생활 속에서 말씀을 받아들이고 열심히 성경모임에 참석했다.

수웨이위에는 아이들을 학교에 보내놓고 우리 집에 오는 것을 좋아했다. 처녀 때 미용사로 일했던 실력이 있어 내 머리를 잘라주기도 하고 교인들의 머리도 만져주었다. 내가 스케줄이 없으면 하루 종일 나와 성경말씀도 나누고, 내가 바쁘면 같이 따라다니면서 나를 도와주었다. 교회도 같이 다니고 봉사도 함께했다. 그러나 자매는 세례 받는 것을 한사코 거부했다.

이유는 단 한 가지 제사 때문이었다. 자기 부모님이 돌아가시면 전통에 따라 제사를 지낼 것이고 이것은 하나님의 명령에 위배되기 때문에 자신은 세례를 받을 수 없다고 했다. 나중에 가족과의 관계에서 완전히 자유로워졌을 때 그 때 세례를 받겠다고 했다.

하루는 저녁 늦게 공원에서 운동을 하고 있는 나에게 이 자매가 달려왔다.

"사모님, 빨리 이 돈부터 받으세요. 지금 드리지 않으면 내가 이 돈을 쓸 것 같아서 이 밤에 여기까지 달려왔어요."

항상 돈이 없어 쩔쩔매는 자매가 돈을 들고 온 것은 심상치가 않았다.

나는 가슴이 덜컥 내려앉았다.

"무슨 돈이길래 이렇게 급하게 서두르세요?"

"지난 번 성경공부 때 사모님이 그러셨잖아요. 한국에 계신 부모님께 용돈을 드리고 싶은데 그러지도 못하고 찾아가 뵙지도 못하는 우리가 불효자식이라고요. 그래서 사모님의 부모님께 용돈을 드릴 수 있도록 제가 하나님께 기도를 했어요. 만약 주식을 사서 일주일 만에 배로 뛰면 하나님께서 이 기도를 들으신 줄 알아 수익금의 반을 사모님께 드리겠다고요. 그랬는데 오늘 기적같이 주식이 배로 뛰었어요. 얼른 받으세요. 하나님이 주신 돈이라 무서워서 갖고 있지 못하겠어요."

나는 돈을 떠나서 그렇게 기도를 들으시는 주님을 영접하고 세례를 받을 것을 다시 한 번 권했다. 그러나 수웨이위에는 또 거절했다.

"세례는 다음에요."

수웨이위에는 인형극단에 단원으로 가입해서 가장 힘든 일들을 자청해서 맡아주었다.

이제는 조상신을 믿지 않고 예수님을 믿지만 매일 향불 피우는 의식과 집안의 사당에 아침 저녁 제사를 드리는 것을 그만둘 수 없다는 내 친구.

가장 친한 친구면서 전도자로서 가장 많은 한계를 느끼게 하는 수웨이위에.

그녀는 내가 전도자로서 짐을 내려놓지 못하게 하는 나의 아픔이기도 하다.

나의 가족, 차이 형제와 루이 자매

어떤 분이 말하기를 한국 사람들은 자신의 마음을 보자기에 싸놓았다면, 중국인들은 서랍 속에 넣고 산다고 한다. 보자기에 싸인 마음은 여는 순간 그 안이 다 들여다보이지만, 서랍에 든 마음은 어느 칸의 서랍을 여느냐에 따라 보이는 게 다르다. 아마 그 서랍들을 다 열어봐야 그 사람의 본성을 겨우 알게 될 것이다. 그만큼 중국 사람들의 진심을 다 알기가 불가능하다는 뜻일 것이다.

남편과 내가 종종 사소한 일로 다투는 일이 있다.

어떤 물건을 어떤 성도에게 주려고 준비해 두었는데, 갑자기 남편이 내게 말도 없이 다른 분에게 주었을 때이다. 어느 땐 이미 선물을 드린 권사님께 또 다른 선물을 가지고 갈 때도 있다. 서로 사역이 바쁘다보니 대화가 부족해서 생기는 일이다.

선교사로 대만에 온 우리는 우리의 가난을 현지 성도들에게 절대로 드러내지 않는다는 원칙을 세웠다. 혹시 선물이나 헌금을 받으면 그것을 잘 기억해두었다가 기회가 생기면 작은 정성이라도 꼭 표현했다.

우리가 사역하는 교회에 차이용친이라는 형제와 천루이라는 부부가 있다.

현대인 같지 않은 순수함과 온유함이 넘치는 사람들이다. 우리를 안지 얼마 안 되었는데도 이들 부부는 한국에서 온 우리 손님들을 자기 손님처럼 극진히 대접해 주었다.

우리는 답례로 손님들이 한국에서 가져온 것들을 이들 부부에게 선물했다.

"목사님께 선물을 받아 본 게 처음입니다."

부부는 눈물까지 글썽이며 감격했다.

차이 형제는 어머니로부터 훌륭한 기독교교육을 받은 신실한 형제이고, 아내인 루이 자매 역시 온 가족이 예수님을 믿는 대만에서 보기 힘든 축복 받은 가족이었다.

그러나 우리가 이들 부부를 처음 만났을 때 둘은 이혼을 생각할 정도로 사이가 좋지 않았다.

차이 형제 부부는 우리와 성경공부도 하고 식사도 자주 같이 하면서 점차 친해졌다. 부부사이도 말할 수 없이 좋아졌.

아내 루이 자매는 부드럽고 겸손하며 입이 무거운 자매였다. 마침 자녀들도 우리 아이들과 비슷했다. 나는 이분들과 가족 같은 동역자로 일하고 싶었다.

어느 날 루이 자매가 날 찾아왔다.

"사모님, 우리는 어려서부터 예수를 믿은 사람입니다. 그동안 수많은 목사님들과 선교사들을 만났지요. 박 목사님과 사모님처럼 헌신적인 분들은 처음 만났습니다. 앞으로 저희 가정이 최선을 다해 목사님 가정을 섬기겠습니다."

그날 이후, 차이 형제는 남편의 친형제 이상의 형제가 되었다. 교회에서의 사역이든 사적인 일이든 한결같은 사랑으로 섬겨주었다. 하다못해 옷이나 신발을 사면 남편의 것도 같이 샀다. 사역으로 바쁜 우리 부부를 대신해서 우리 아이들을 함께 데리고 놀아주고 먹여 주었다. 한국에서 손님이 오면 최고의 대접을 베풀어주었다. 돈이 많아서가 아니었다. 그의 공장운영이 순탄치만은 않다는 것을 우리는 너무도 잘 알고 있었다. 이런 사정을 알지 못하는 사람들은 이 형제의 호의를 당연하게 여긴다거나, 이용하려는 사람도 있었다.

차이 형제의 아내인 루이 자매는 나의 정보통이었다. 내가 대만 물정이나 사람들의 성격을 잘 몰라 실수할 때면 살짝 다가와 말을 해주었다.

"사모님, 대만 사람들은 그렇게 안 해요."

혹시나 우리가 친하게 지내는 것이 사람들의 오해를 살까봐 주의하기도 했다.

"사모님, 우리 교회에서는 살짝 인사만 해요."

그녀는 지혜롭고 그림자처럼 나를 살펴주었다.

차이 형제의 어머니, 형들과 누이들, 친척은 물론이고 루이 자매의 친정 식구들도 모두 우리의 가족이 되었다. 루이 자매의 친정아버지가 우리 딸의 수학을 가르쳐 주시기도 했고, 차이 형제의 누나는 조카들의 선물을 살 때나 용돈을 줄 때 꼭 우리 아이들 것까지 챙겼다. 우리는 차이 부부의 대소사와 명절, 생일에도 같이 했다.

대만에 아는 사람들이 없어 외로웠던 우리 가족에게 하나님이 준비하신 새로운 가족이었다. 우리 딸아이는 지금도 이렇게 말한다.
"엄마, 차이 삼촌은 아빠 동생이고, 루이 이모는 엄마 동생이지?"

가난한 과부의 두 렙돈 같은 헌금을 받아 본 적이 있는가? 난 살면서 너무 많은 과부의 전재산 같은 헌금을 받아보았다. 그럴 때마다 가슴이 아파서 나는 헌금봉투를 들고 주님께 하소연을 했다.
"주님, 너무 잔인하세요. 이런 헌금은 좀 받지 않으면 안 될까요? 왜 우리 주위에는 부자는 없고, 항상 가난한 과부들만 있어 그 눈물 겨운 헌금을 받아야 하나요."
보통 사람들은 "이 다음에 돈을 많이 모으면 주를 위해 사용하겠다."고 말한다. 그러나 이 말은 그다지 믿을 만하지 못하다. 주님은 지금 내어놓는 과부의 두 렙돈을 칭찬하신다. 과부들은 어떻게 전재산을 서슴없이 내어 놓을까? 가난한 분들이 우리 선교사들의 궁핍을 더 잘 이해하고 불쌍히 여기기 때문일 것이다.

차이용친의 형제들 육남매는 과부인 어머니 밑에서 자랐다. 용친 형제는 중학교 밖에 못나오고 시장 바닥에서부터 일어나 중소기업가가 되었다. 그는 배고픔을 알고 베풂의 가치를 아는 사람이다.
맨몸으로 일으킨 공장이라 항상 빚이 많다. 그래도 그는 "빚 다 갚고 그 다음에 헌신할게요."라는 말을 하지 않는다. 베풀 기회라고 생각하면 "지금이 복 받을 기회"라며 빚을 얻어서라도 베푼다.
그는 고객 앞에서도 직원들 앞에서도 '사장님'이란 호칭을 쓰지 못하게 한다. 그냥 이름을 부르라고 한다. 그는 겸손하고 부지런하고, 틈틈이 그 작은 회사에서 예배와 성경공부를 한다.
차이 형제는 남편에게 매일 이렇게 말한다.

"목사님은 열심히 목회에 전념하세요. 저는 열심히 사업해서 주님의 일을 도울게요."

우리는 이 말을 고마우면서도 아프게 받는다. 이보다 더 무서운 채찍이 또 있단 말인가!

나는 확신한다. 천국에서 주님 앞에 설 때 차이용친과 루이 자매는 우리와 함께 서있을 것이라고!

나의 사랑, 나의 면류관, 나의 친구들

　세상에서 내가 누린 가장 큰 복이 있다면, '사람'복이다.
　주께서 내게 주신 가난과 질병의 십자가를 지고 울며불며 갈 때조차 주님은 천사보다 더 귀한 '사람들'을 내게 붙여주셨다.
　참 보잘 것 없고, 가진 것도 없이 오직 주님만을 위해 사는 것을 최고의 영광으로 살고자 하는 나에게 하늘 아버지는 당신의 귀한 자녀들을 보내주셨다.

　대학시절 ESF를 통해 알게 된 동역자들은 우리 부부가 선교사로 출발하면서부터 지금까지 한번도 쉬지 않고 우리를 위해 기도와 사랑의 물질을 보내주고 있다. 교회에서도 직분이 있고, 대학생 선교를 위해서도 감당할 일이 많을 텐데 어떤 세상적인 보답을 바라지 않고 순수하게 동역자로서의 의무를 다하시는 분들이다.
　우리의 선교의 성과가 어떻든지, 선교보고를 받든지 못 받든지, 오직 "보내는 선교사"의 역할을 묵묵하게 해주는 이 시대의 사명자들이다. 이분들의 끊임없는 중보기도와 물질의 후원이 없었다면 지금 우리 가정이 선교사로 남아있을 수 있었을까 싶다.

나에게는 10년이 훨씬 넘게 얼굴도, 주소도 모르고 이름만 아는 선교 동역자들이 있다. 어떻게 한번도 본 적이 없는 사람에게 그렇게 꾸준히 헌금을 해주는 분들이 있을 수 있는지 참으로 고마울 뿐이다. 우리의 선교편지를 받아보지도 않고, 예수님의 이름으로 우리 가정과 천국 사역에 동참하시는 분들의 면류관은 얼마나 크고 아름다울까?

제자의 선교 사업을 도와주시는 은사님들과, 우리를 한 번 만났거나, 설교를 한 번 들으셨음에도 쉼 없이 사랑과 관심과 기도를 해주시는 분들이야말로 훗날 천국에서 주님 앞에 세워질 성도들이 아닌가 싶다.

사람의 심리가 어느 정도 돕다가 선교소식을 듣지 못한다거나, 뚜렷한 성과를 거두지 못하거나, 아니면 이만큼 도왔으면 스스로 독립 사역을 하겠다싶으면 후원을 그만 두게 된다. 그런데 우리의 동역자들은 비록 적은 숫자지만 천국까지 우리와 함께 할 기세로 동역의 끈을 놓지 않아주셨다. 우리의 성격상 자주 선교보고도 못했고 연락도 못 드렸는데 한결 같이 사랑해주심에 우리 가족은 진심으로 엎드려 감사의 마음을 전하고 싶다.

여러분들이 있어 난 아무리 힘든 상황에서도 다시 일어날 수 있는 용기를 얻고 주님의 사역에 매진할 수 있었다.

우리 주 예수 그리스도의 은혜와 평강이 나의 사랑, 나의 친구들, 나의 동역자, 나의 가족과 함께 하길 기도한다.

에필로그

"내가 선한 싸움을 싸우고 나의 달려갈 길을 마치고 믿음을 지켰으니"(디모데후서 4:7)

산소 호흡기를 꼈는데도 아내는 호흡이 가빠졌습니다.
최고 12까지 올렸는데 숨이 가쁜 것은 폐에 물이 찼기 때문입니다. 의사는 나를 부르더니 암세포가 온몸에 퍼졌으니 이제 환자를 임종실로 옮기라고 하였습니다.
하루를 넘기기 어렵다고 했습니다.

대만 선교지에서 13년 만에 안식년을 맞아 한국으로 돌아온 아내는 연세대학교교육대학원 석사과정에 들어갔습니다. 졸업식 날 아침, 아내의 상태가 심상치 않았습니다. 겨우 일어나 졸업식을 마치고 집에 돌아왔는데, 아내를 본 같은 교회 간호사 한 분이 당장 병원에 가셔야 한다고 했습니다. 2009년 8월, 아내는 백혈병 진단을 받았습니다.
그때부터 아내는 투병생활을 시작했습니다. 주님의 은혜로 골수기증자를 순적히 만났고, 엄청난 비용을 동역자들과 후원자들의 헌금으로 감당할 수 있었습니다. 그 골수가 잘 정착되어 완치를 바라보고 있었는데 3년 만에 재발이 된 것입니다.

죽음 뒤의 천국을 수없이 설교한 목사지만 아내의 죽음 앞에 나는 눈앞이 캄캄해져왔습니다.

"주님, 어떻게 해야 합니까!"
우리는 임종실에서도 기도하고 찬송을 불렀습니다.
아내는 거친 숨소리를 내며 찬송을 따라 불렀습니다.
그 사이에도 아내는 들어오는 의사와 간호사에게 천국소망에 대해 얘기하며 전도를 했습니다. 병실에 있었을 때도 그 안의 환자들과 보호자들에게 전도를 해 열 명이 넘게 예수님을 영접하게 했으니 우리 아내는 어디에 있던 선교사였습니다.

하루가 지났습니다. 폐에서 물이 빠지고 숨 쉬기가 조금 나아졌습니다.
'혹시 하나님께서 살려주시는 것인가?'
나는 아내 옆에서 간절히 기도하며 찬송을 불러주었습니다.
"누군가 널 위하여
누군가 기도하네
내가 홀로 외로워서 마음이 무너질 때
누군가 널 위해 기도하네."
기타를 치며 찬양을 불러주는 나에게 아내는 "우리 박 목사님 찬양이 CCM 가수보다 더 감동적이네요."라고 웃어주었습니다.

아내는 대만으로 다시 가고 싶어 했습니다.
병이 나아서 돌아가면 정말 선교를 잘할 자신이 있다고 했습니다.
대만에서 아내가 한 선교사역은 정말 놀라운 일들이었습니다. 수만

명의 대만 아이들에게 색종이접기와 인형극으로 성경말씀과 복음을 전했으니까요. 대만은 우상숭배에 이미 물이 들어버린 기성세대보다 아직 순수한 어린이전도가 훨씬 더 중요하고 성과가 좋았습니다.

주일학교가 없던 대만교회에 아내는 주일학교와 토요전도학교를 만들어 복음의 씨앗을 어린이들에게 뿌렸습니다. 처음 우리가 대만에 들어갔을 때는 기독교인이 1.3퍼센트밖에는 안되었는데, 10년 동안 6퍼센트로 급성장을 했습니다. 어릴 때 복음을 접했던 젊은이들 가운데 기독교인은 10퍼센트로 올라섰습니다.

아내는 대만과 대만 사람들을 사랑했습니다.

하나님께서 아직 맡기실 일이 남아있다면 그동안 여러 병을 고쳐 주신 것처럼 백혈병도 깨끗이 낫게 해주실 거라고 믿었습니다.

일주일 동안 아내는 그렇게 숨을 쉬고 말을 했습니다.

임종이 하루 남았다고 했는데 일주일을 버텼습니다. 하나님께서는 사랑하는 사람들과 작별할 시간을 넉넉하게 주신 것입니다.

가족과 친구와 ESF 동역자들, 목사님들이 찾아왔습니다.

아내는 그분들에게 감사하다는 마지막 인사를 나누었습니다. 믿지 않는 가족에게는 더욱 간절히 전도를 했습니다. 오지 못한 가족들과 동역자들을 위해서 휴대폰에 찬송과 유언을 남겼습니다.

"산소 호흡기를 끼고 있지만 숨을 쉴 수 있다는 것이 감사하기에 하나님께 감사와 찬송을 드리면서 여러분들도 나처럼 행복하세요."

아내는 죽음 앞에서도 예수님 때문에 행복해했습니다.

대만에서 목사님들과 성도들이 비행기를 타고 병문안을 왔습니다.
　그분들은 사모였고, 선교사였고, 언니였고, 친구였던 내 아내를 위해 울며 기도해주었습니다.
　다시 폐에 물이 차기 시작했습니다.
　출혈과 구토, 고열, 폐렴까지 왔습니다.
　수요일 아침. 강일용 목사님과 사모님이 오셨습니다.
　아내는 아침부터 숨쉬기를 힘들어했습니다. 사모님은 아내의 손을 잡고 찬송을 불렀습니다.
　아내가 눈을 뜨고 나를 바라봤습니다.
　모든 것을 이해하고, 모든 것을 사랑하고, 모든 것을 기억하겠다는 듯이….

　숨을 크게 세 번 쉬고 아내는 영영히 눈을 감았습니다.
　아름다운 아내, 헌신적인 선교사, 두 아이들을 목숨보다 사랑하는 엄마, 조을순 선교사 나의 아내는 그렇게 달려갈 길을 마치고 천국으로 들어갔습니다.
　2013년 4월 4일 오후 1시 40분이었습니다.

　제가 선교사가 된 것을 후회한 적은 한번도 없습니다.
　아내 역시 마찬가지였습니다.
　주님의 명령을 따라 간 것이니까요.

타이난 거리에서 우상숭배에 미쳐있는 대만인들을 보며 분노하고 있을 때, 예수님께서 어린아이를 외투로 감싸 가슴에 안고 있는 환상을 친히 보여주신 이후로는 우리가 대만을 사랑하는 주님의 뜻에 따라 선교사로 온 것임을 확신했습니다.

우리 부부는 선교사가 되어 세상에 무엇과도 바꿀 수 없는 값진 인생을 살았습니다.

단지 제가 선교사역에 바빠 잘 돌보지 못해 아내와 딸이 병이 든 것은 아닌가, 자책을 했습니다. 제가 아내 대신 죽었으면 얼마나 큰 영광이었을까요.

지혜가 부족해서 당신을 병들게 했다고 미안해하면 병상의 아내는 저를 위로해 주었습니다.

"어릴 때 예수님을 만났는데, 내가 40대에 죽을 거라는 예언을 들었어요."

아내는 정직한 사람이니까 이 말은 진실일 것입니다. 하지만 제게는 아내가 미안해하지 말라는 위로처럼 들렸습니다.

아내가 소천한 지 일 년이 되었습니다.

다솜이는 하나님께서 정말 많이 치료해주셔서 지금은 거의 정상을 찾아가고 있습니다.

딸아이는 스스로 이름을 바꾸었습니다. 과거 틱장애로 하나님을 원망하던 다솜이는 죽었고, 은송이로 다시 태어났습니다. 은송이는 예수님과 천국에 있는 엄마도 만났다고 합니다.

  은송이는 지금 뮤지컬을 배우고 있으며 대학에 진학할 예정입니다.

  다민이는 대학에 들어가 국제통상을 전공하고 있습니다. 지금 군대에 가기 위해 잠시 휴학 중입니다.

  은송이의 꿈은 자신의 달란트를 발휘해서 선교사가 되고 싶어 하고, 다민이는 장로가 되어 교회를 많이 짓겠다고 합니다.

  저는 한국에서 협동목사로 있으면서 여름과 겨울에 한 번씩 대만에 들어가 신학교사역을 돌보는 파트타임 선교사로 있습니다.

  앞으로 대만은 중국 본토선교의 전초기지로 크게 쓰일 것입니다.

  저는 그 일을 위해 준비하며 하나님께서 이끄시는 대로 선교사역에 충성할 것입니다.

  그동안 기도와 물질로 사랑해주신 동역자님들께 깊은 감사를 드립니다. 주님께서 천 배로 갚아주시길 기도합니다.

  은혜의 주님께 감사드리며, 모든 영광을 하나님께 돌립니다.

― 남편 박성환 목사

조을순 선교사의 임종 신앙고백

예수님 고마웠습니다.
예수님 때문에 나의 일생이 행복했고, 의미 있었고,
값진 삶을 살았습니다.
당신을 사랑했습니다.
나의 모든 삶을 드려 사랑합니다.
나의 인생과 목숨을 바쳐서 사랑합니다.
아버지 하나님 당신이 제게 주신 수많은 기적들을 인하여 감사드립니다.
나의 많은 병을 치료하시고, 기적을 체험하게 하시고,
당신의 음성을 들려주시고, 저를 만나주셨습니다.
아무리 힘들어도 주님은 저를 놓지 않으셨습니다.
저에 대한 당신의 이러한 믿음과 사랑과 신뢰를
우리 가족 모두에게 있게 하시고,
우리 모두 죽는 날까지 주님을 위해 우리 인생을 바치고
주님만 사랑하고 주님을 위해 멋있는 삶을 살게 해주세요.
당신으로 인해 이 보잘 것 없는 자가 멋진 삶을 살았고,
후회 없는 삶을 살았습니다.
고난을 통해 많은 것을 깨달았고, 회개했고, 많은 사랑을 받았습니다.
고맙습니다, 주님.
당신은 나의 영원한 주님이시고, 나의 신이시며, 나의 스승이십니다.
감사합니다.

조을순 선교사가 동역자들에게 남긴 마지막 말

나로 인해 슬퍼하지 마세요.
나는 지금 늘 사모하던 그 분을 만나
"수고했다, 내 딸아!"
칭찬받고 있기 때문입니다.
어려서부터 오늘까지
너무나 큰 주님의 사랑을 받았고
세상에서 얻을 수 없는 큰 기쁨을 누렸습니다.

함께 같은 곳을 바라 본 귀한 남편을 만나
하고 싶었던 일들을 마음껏 하며 행복했습니다.
생각만 해도 미소가 번지는
다솜이와 다민이의 엄마가 되어
가장 행복했던 추억을 가질 수 있었습니다.
그래서 저는 이렇게 말했습니다.
"조을순보다 더 좋을 수는 없다!"고.

나는 이제 이렇게 기도하겠습니다.
이 땅에 남겨진 여러분의 삶도
저와 같은 열매가 맺히시기를!
그래서 우리 다시 만나는 날
큰 기쁨을 나눌 수 있기를!
그러니 여러분 슬퍼하지 마세요.

박성환·조을순 선교사 가족사진

조을순 선교사의 육성과 찬양을 들을 수 있습니다.
http://www.esf21.com/tribute

엮은이의 글

부디 여러분도 나처럼 행복하시길!

사진 속 조을순 선교사는 언제나 활짝 웃고 있습니다.
그냥 웃는 것이 아니라 꽃송이처럼 터지는 함박웃음입니다.
대만의 운송수단인 고물 오토바이 위에 앉아있어도, 문짝이 떨어져 나갈 것 같은 녹슨 차 앞에서도, 색종이 접기와 인형극을 보여주면서도, 크로마하프를 연주하며 대만어로 찬송할 때도, 그녀의 입에는 마치 넘치는 기쁨을 주체할 수 없다는 듯 미소가 떠나질 않습니다.

가난하고 가난했습니다.
몸에는 난치성 피부병과 갖가지 병이 있었습니다.
대만 선교사로서 파송되어 12년 동안 힘에 부치도록 애를 썼습니다.
무시 받고 조롱당했습니다.
그런 대만 사람들을 주님의 사랑으로 품었습니다.
진심으로 사랑했습니다.
가진 것을 다 내어주고, 목숨까지도 바쳤습니다.
부귀영화와는 상관없는 삶을 살았습니다.
그럼에도 불구하고 아무 근심 걱정 없어 보이는 그 함박웃음은 오직 주님의 사랑을 입은 자만이 누릴 수 있는 힘이었습니다.

조을순 선교사가 남긴 글들을 읽었습니다.
꾸밈없고 소박한 글 속에 은혜가 넘쳤고,
감사와 유머가 있었습니다.
언젠가 책으로 펴낼 생각이 있으셨던 것 같습니다.
자신의 업적을 드러내려는 것이 아니었습니다.
아무것도 가진 것 없이 떠난 선교사 가정을 돌보시고 풍족하게 채워주시는 하나님의 놀라운 기적들을 우리와 함께 나누고 싶었던 것입니다.

대만 선교사로 사역하면서 기록한 보고서와 일지에는 우상숭배로 절어있는 타이완 사람들에게 복음을 전하는 선교의 생생한 현장들이 들어있었습니다.
자유롭고, 경제적으로 풍족하며, 우리보다 기독교의 역사가 먼저 시작된 타이완에 그토록 적은 수의 그리스도인들만이 남아있다는 것을 처음 알았습니다.
가정마다 신전이 있어 매일 아침저녁 제사하며, 바다의 신을 믿어 대형 폭죽으로 신접하는 행사가 축제처럼 흔한, 일본만큼이나 전도가 어려운 나라가 타이완이었습니다.
그럼에도 불구하고 앞으로 중국 대륙 선교에 크게 쓰임을 받을 곳이라 사단의 심장부가 있는 곳이기도 했습니다.
하루도 마음을 놓을 수 없는 그런 선교사들의 전쟁터에서 박성환 조을순 선교사 부부는 기도와 눈물, 희생과 봉사로 타이완 사람들에게 그리스도를 전했습니다.
아직 어린 딸과 아들도 선교팀의 하나가 되었습니다.
우상에 덜 물든 어린이들에게 인형극과 색종이 접기로 예수님을 전한 조을순 선교사의 창의적인 전도는 타이완 복음화에 큰 업적이 되었습니다.
주님은 이 가정에 수많은 기적으로 당신의 존재를 친히 드러내 주셨습니다.
타이완의 사도행전처럼 말입니다.

조을순 선교사가 임종 전에 남긴 마지막 찬양을 듣습니다.
산소마스크를 쓰고 한숨 한숨 겨우 이어가면서도 주님께 찬양을 올려드리는군요.
죽도록 주님께 충성하고 백혈병을 얻었으나 지금 더 할 수 없이 행복하고, 여러분도 나처럼 행복하시라고 합니다.
예수님 때문에 후회 없는 삶을 살았고, 주님의 사랑을 넘치도록 받았다고 자랑합니다.

그 말에 눈물이 흐릅니다.
우리가 너무 쉽게 선교를 이야기하고, 너무 쉽게 예수님의 사랑을 누리고 있는 것은 아닌가 하고요.

낮은 곳으로 흐르는 물과 같이 욕심 없이 주님께 순종했던 삶,
아프고 외로운 사람들 곁에 있어주는 것만으로도 위로가 되었던 그런 따뜻한 삶,
인간의 눈으로는 한없이 슬프지만,
주님의 눈으로는 한없이 사랑스러웠던
조을순 선교사의 아름다운 대만 선교 이야기를 여러분들에 전해드립니다.

- 이기섭 작가